こころとからだがスクスク育つ

0・1・2歳児の発達に合った

楽しい！ **運動あそび**

栁澤 友希 著

ナツメ社

0・1・2歳の子どもが飛びつく！
運動が好きになる きっかけをつくろう

子どもはできなかったことができるようになり、保育者に認められ、自信がついて、もっと運動が好きになります。保育者は、子どもと一緒に積極的に体を動かしながら、「やってみたい」の気持ちを引き出すことが大切です。

4つのきっかけでやる気になった子どもたちの声

きっかけ その1
友達の存在

- （友達の姿を見て）自分もできるようになりたい。
- 友達から応援されて嬉しい。
- 友達と一緒に体を動かしたら楽しかった！
- ○○ちゃんには負けたくない！
- 「一緒にやろう」と友達が誘ってくれた。

きっかけ その2
保育者の存在

- 先生が手本を見せてくれて、楽しそうだったからやってみたいと思った。
- 先生がそばで見ていてくれて嬉しかった！
- 先生が一緒にあそんで盛り上げてくれた。
- できたとき、先生が「やったー！」と喜んでくれた。

保育者の援助のポイント

- 1つの動きを簡単にして、スモールステップであそびを進める。
- 保育者や友達の姿を「よく見る」→「やってみる」を軸に体を動かしていく。
- よい例・悪い例を実際にやって見せて、はっきりと視覚で示す。
- 難しいあそびの前には、前段階のあそびをして体系的に行う。
- ストーリー仕立てや子どもが興味のあるものを取り入れるなど、運動あそびを楽しむ工夫をする。

子どもたちからこんな声が
あがってきたら、
運動好きになるまでもうひと息！

＼ きっかけ その3 ／

自信・達成感

- やってみたらできちゃった！
- 先生にほめられた。
- できなかったことができるようになった。
- 失敗したけど、次もやってみたい！
- 何回も挑戦して、やっとうまくできた！

＼ きっかけ その4 ／

やる気にすることば

- 先生が「かっこいいね」と言ってくれた。
- 「手がしっかり開いてていいね」とほめられた！
- （子どもがやる気になった瞬間を逃さず）「おいで、やってごらん」と誘ってくれた。
- 「大丈夫だよ」と先生が言ってくれたから「よし、やってみよう」と頑張れた。
- できなくても「昨日よりできたね！」と先生が喜んでくれた。

環境構成のポイント

- 運動の時間に好きな歌や音楽を流す。
- やりたくなったときにすぐできる環境を整えておく。
- 跳び箱やフープ、なわなど、普段から慣れるようにしておく。
- 安心できる保育室など、生活の中に自然と体を動かしたくなる工夫をする。
- 運動あそびにゲーム要素を取り入れる。

こんなアイテムを 用意しよう！

運動あそびを もっと盛り上げる！

跳び箱や鉄棒といった運動器具のほかにも、運動を楽しむためのアイテムはたくさんあります。既製品や手作りなどさまざまなアイテムを毎日の保育に取り入れて、子どもと元気に体を動かしましょう。

長なわ、ロープ →P102、105、107、109、112、113

2本並べてクマさんで渡ったり、くねくねと曲線に置いてジャンプしたりします。色ごとでジャンプを変えるなど、カラーを数種類そろえると便利。

滑り止めつき マット →P68、104

100均で手に入る滑り止めつきマットを使用。丸などさまざまな形に切って、ケンパーあそびや目印などに使います。

ペットボトルの キャップおもちゃ →P39

キャップを2つ組み合わせてビニールテープで留めます。中にボタンなど入れておくと、倒れたときにカラカラと鳴って楽しいです。

スポンジ素材の スティック →P113

スポンジ状の棒はカラフルな品揃えで手に入りやすい100均の商品。あお向けになった子どもに握らせて引きつける力を養います。

風船マット →P72

シングル布団圧縮袋に膨らませた風船を並べて入れたら、風船の形が出るぐらいまで空気を抜きます。使用前に大人が座るなど、一度強度を確認しましょう。

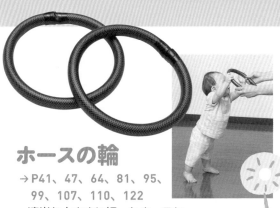

ホースの輪

→ P41、47、64、81、95、99、107、110、122

適当な大きさに切ったホースに切り込みを入れ、つないでテープで留めます。子どもの年齢に合わせてサイズを調整しましょう。

ペットボトル平均台 → P77

500mlのペットボトルを用意し、向きを左右交互に並べます。ペットボトルは、へこみやすさの異なる素材（硬い・柔らかい）を混ぜると踏んだときの感触が変わって楽しいです。

ソフト平均台 → P120

安全、軽量なスポンジ素材の平均台は、高さ約3cmのかまぼこ状。さまざまな形につなぐことができ、乳幼児のバランス感覚を養うのにぴったりです。

ぶら下がり棒

→ P73

硬めのラップ芯に、ビニールテープを巻きつけた棒は、乳児の体重なら支えられる強度です。ビニールテープが手の滑りを防止します。

マーカーコーン

→ P121

サッカーのトレーニングでおなじみのアイテム。踏んでも割れにくく、適度な硬さが足の間に挟んでジャンプするのにオススメです。カラフルな色も魅力。

新聞紙棒

→ P120

新聞紙や包装紙を筒状に丸めた棒。作るのが簡単で、子どもの体に当たっても痛くないので、ジャンプの練習や高さの目安によいでしょう。

新聞紙ボール

→ P104、117

丸めた新聞紙に布ガムテープを巻いて作るボール。軽くて持ちやすく、サイズも子どもに合わせて作りやすいです。さまざまな色を用意してあそびに使いましょう。

0・1・2歳児 育みたい 5つの運動機能

運動あそびを楽しみながら、基本の動きとなる「5つの力」をバランスよく身につけることが、運動好きな子どもを育てる第一歩になります。楽しく体を動かす経験を積み重ねていくことで、次第に体全体の動かし方がわかるようになるでしょう。

動き始めの力

大人の働きかけのもと、少しずつ自分から体を動かしたくなる活動意欲につながる。

体の柔軟性

乳児期から持続して取り組むことで柔らかさが保たれ、安全に運動するために必要な力。
→ P7

体を動かす楽しさ

プラス

体を引きつける力

固定遊具や鉄棒などでぶら下がる力を身につけると、大きなケガを防ぐことができる。
→ P11

＼運動好きな子どもに！／

体のバランス力

利き手・足など体の左右を意識することで、自分の体をコントロールしやすくする。
→ P8

体で跳ねる力

なわ跳びや跳び箱には下半身の筋力が大切。体を縮めて伸ばす、ジャンプを身につけよう。
→ P10

体を支える力

両腕を伸ばして体を支える力は、後に跳び箱や側転を行うときに上半身の要となる。
→ P9

1 体の柔軟性

体を柔らかくすることで、ケガをしにくい体になり、後のマット運動などにつながる力が身につきます。
ただし、子どもは大人よりも体が柔らかいため、無理をしすぎないよう注意しましょう。

足でいないいないばぁ〜 10か月〜 → P48

あそび方
●子どもをあお向けに寝かせ、足の裏で保育者の顔を隠し、"いないいないばぁ"をします。

いない
いない…

ばぁ！

ぎったんばっこん 8〜11か月 → P37

あそび方
●保育者は足を伸ばして座り、その上に子どもをのせます。「ぎったん」で子どもは保育者の足の上に倒れるように寝て、「ばっこん」で保育者が後ろに倒れて子どもが起き上がります。

ばっこん

ぎったん

── POINT ──
保育者の親指を子どもに握らせ、包み込むように握り返します。

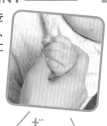

ギュッ

せーのでタッチ 2歳児 → P115

あそび方
●向かい合って足を閉じて座り、互いの足の裏をくっつけます。「せーの！」の合図で両手を合わせます。

せーの！
タッチ！

2 体のバランス力

ピンとまっすぐに立つ、よい姿勢を保つなど、毎日の生活でも大切なバランス感覚。
それらを支える体幹を意識し、鍛えることで自分の体をコントロールする力を身につけましょう。

エレベーター 8〜11か月 → P38

あそび方

●保育者はあぐらをかきます。子どもの首とおしりをしっかり支えて、ゆっくりと上下に上げたり下げたりします。

——— POINT ———

子どもが大きめの子の場合、両わきを閉めた状態で抱き上げると重さが軽減されます。

上に上がりまーす！

お次は下に下がりまーす！

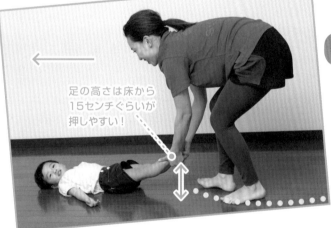

足の高さは床から15センチぐらいが押しやすい！

モップでお掃除 2歳児 → P101

あそび方

●子どもはあお向けになり、足を床から少し浮かせます。保育者は子どもの足の裏を手のひらで覆い、前に押しながら進みます。

——— POINT ———

足の裏を手のひらで覆うように持つと、押しやすいです。

フラミンゴ 2歳児 → P100

あそび方

●保育者は曲げた膝の上に子どもをのせて、片足でバランスをとります。

ZOOM
保育者の人差し指を子どもが握ると安定します。

写真のようにもう片方の足に、足の裏をつけるとバランスがとりやすくなります。

フラミンゴ〜♪

3 体を支える力

体を支える力は、現代の子どもにもっとも足りないといわれています。ハイハイが上半身と
腕の力を鍛える絶好の機会。たくさん経験させて、跳び箱や鉄棒のベースになる力を育てましょう。

ハイハイボウリング `8〜11か月` → P39

あそび方
●子どもがハイハイできるスペースに、ペットボトルのふたをくっつけたおもちゃをランダムに置きます。子どもはハイハイでおもちゃを倒します。

=== POINT ===
ふたの中にボタンなど入れると、子どもが触れたときに音がして楽しいです。

上手に
くぐれたね

またいでくぐって `1歳児後半` → P78

あそび方
●保育者はうつぶせになり、その上を子どもがまたいで乗り越えます。できたら、保育者はおしりを上げて、その下を子どもがハイハイでくぐります。

のっし
のっし

丸めた新聞紙にビニールテープを巻きつけて作ります。

クマさんボール転がし `2歳児` → P104

あそび方
●床に新聞紙ボールをばらまき、クマさん歩きしながら転がして運びます。

=== POINT ===
ボールを運ぶときも、顔を上げるなどクマさんの姿勢が崩れないようにします。

4 体で跳ねる力

下半身の筋力を使う跳躍力は、何度も飛び跳ねることで身につけます。「足の間にボンドをぬるよ」
と両足をそろえ、つま先から着地することを覚えたら、美しいジャンプが完成。

お空にジャンプ！ 12か月〜 → P46

ピョン
ピョン

あそび方

❶保育者は両膝を曲げて重心を下げ、子ど
ものわきの下に手を入れて支えます。

❷その場で2回子どもを弾ませたら、3回
目のジャンプで保育者はまっすぐに立ち、
子どもを頭上に持ち上げます。

わきの下をしっか
り支えて、手は離
さないこと。

足の間をくっつ
けてジャンプす
る意識が身につ
きます。

足にはさんで集めよう！ 2歳児 → P121

あそび方

●マーカーコーンを足の
間に挟んで落とさないよ
うにジャンプします。

=== POINT ===

ジャンプしにくい場合は、
保育者が両手を持って一
緒に跳ぶと感覚がつかみ
やすくなります。

忍者ジャンプ 2歳児 → P120

あそび方

❶保育者は、新聞紙を丸めた棒を持ってしゃがみ
ます。立っている子どものそばに棒を構えて「いく
よー！」と声をかけて棒を右から左へと動かします。

❷子どもは棒がくるタイミングでジャンプします。

いくよー！

棒は床につく
ぐらいの高さ
にします。

5 体を引きつける力

ジャングルジムなどの遊具や木登りをしなくなったため、手・腕・胸の力が弱い子が増えています。
ぶら下がる、よじ登るといった動きを経験して、鉄棒の基礎となる懸垂力を鍛えましょう。

タオル抜いて！ 8〜11か月 → P41

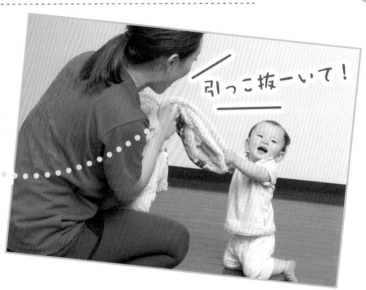

引っこ抜ーいて！

あそび方

●子どもと向かい合って座り、保育者はタオルの端を軽く持ちます。子どもがタオルを引っ張ったら力をゆるめて、タオルを引き抜かせましょう。

=== POINT ===

子どもが引っ張りながら後ろに倒れないよう、調整しましょう。

せーの！

グーンと持ち上げて 1歳児前半 → P73

あそび方

●保育者は棒の左右を支え、子どもが両手でしっかり棒を握ったことを確認したらゆっくり持ち上げます。

=== POINT ===

保育者はわきをしめ、写真のような握り方をすると安定感が増します。

怪獣に負けるな！ 2歳児 → P110

ガオーッ！

あそび方

❶子どもは保育者の足の甲に座り、しっかり足にしがみつきます。
❷保育者は足を上げて、怪獣のまねをして歩きます。

=== POINT ===

足の甲を少し上へ向けると子どものおしりにフィットします。

◀「ぼくの抜いてー」マットのへりにつかまる「野菜の引っこ抜き」。
▼2歳児ならではの「レスキュー隊」は、腕の力で進みます。

よいしょ！

実践レポート

社会福祉法人 松本福祉会
よこうち認定こども園（長野県）

楽しみながら動ける体に

乳児期から子ども達が楽しんで、運動あそびを取り入れている園があると聞き、長野県茅野市にある認定こども園へ伺ってきました。

次はパーだ

ゆーらゆら

▲置かれたフープをグーパー、最初はフープの数を減らします。
▶みんなでゆりかご、ぐずっていた赤ちゃんも笑顔に。

▼カラフルなマットは、布団圧縮袋に風船を入れたアイデアもの。

着いた!

子どもが思わず動きたくなる
環境の工夫を随所に

▲「もしもーし」栁澤先生と電話あそび。

もしもし、聞こえる?

▲つみき列車にまたがり「よいしょ、最後まで来た」。

　茅野市にあるよこうち認定こども園の特徴のひとつは、乳児から幼児まで一貫して行っている運動あそび。「とにかく動ける子どもにしたい。そのためには乳児期から基本的な動きを身につけさせたいと思ったのです」園長の原田みえ子先生は話します。

　こうした思いから、本書の著者である栁澤友希先生がプログラムを作成し、乳幼児期に必要な動きが体系的に学べるようになりました。栁澤先生の地元ということもあり、月に1回の直接指導も受けています。

　玄関ホールには、巧技台やマットを設置。最初は触るだけだった子が徐々にあそび始め、挑戦する気持ちも出てきました。こうした何気ない環境作りも、主体的に運動したくなる試みのひとつです。

◀平均台の下をワニさん歩き、くぐり終わって「できたよ」。

発達に合わせて「動くの楽しい」が感じられるように

▼栁澤先生と「ショベルカー」、安全に配慮して床にはマットを。

シューっていくよ

手、着いたー

▲子どもが大好きな膝のすべり台。
▶マットの上を歩き、足の裏でフカフカを感じます。

ツンツン、おなか

▲子どもの体を指で触り、感覚を刺激するのも運動あそび。

　0歳児の部屋に入ると、ハイハイ、つかまり立ち、よちよち歩き始めた子どもなど発達の差はさまざまです。

　抱っこでスキンシップした後「じゃあ今度は、足を持つからね」と、子どもをうつぶせにして、押し車の体勢に。子どもは無意識に手が下に伸びて体を支えます。こうしたあそびは、転んだ時にさっと手を出せる動きにつながります。近頃の子どもは転び方がへたでケガにつながると聞きますが、動ける子どもなら、こうした事故も回避できそうです。

　この時期は言葉の意味は理解できなくても、声の調子や表情から子どもは安心できます。目線を合わせて、常に声をかけながらあそんでいます。

▼友達と一緒の「つみき列車」、「待って」の声が聞こえます。

顔、上げられた

1歳児

見立てから運動を引き出す。もっとやりたい！を大切に

▲背筋がついてくる「飛行機のポーズ」。
▶ウサギさんになってピョーンピョン、手にはパペットを持っています。

ふらふらしないよ

歩くことが楽しくなってきた1歳児。パペットをみんなに見せて「これだーれだ？」「ウサギさーん」「そうね、最初はウサギさんになって向こうまで行きましょう。両足でピョンだよ」と、楽しくやりとりしながら、運動あそびを始めます。

両足で跳ぶのが難しい子には無理強いせず、楽しく体を動かすことを優先します。「飛行機」や「つみき列車」など見立てがしやすく、子ども達がイメージしやすいあそびが多いのもこの年齢ならでは。「つみき列車」では支える力を伸ばし、「飛行機」では柔軟性が育まれます。普段の生活ではなかなかできない動きを、この時間でたくさん体験します。

▶ちょっと怖いけれど大好きな逆さま抱っこ。

逆さまだー

▲準備体操で片足ブラブラ、慣れてくるとグラグラしません。

15

広がれー

▲少しずつ後ろに下がって大きな輪にしていきます。

▼「クモの巣に引っかからないように…」床をはって進みます。

クマさん、がんばれ

▲クマさん歩きは、定番の運動あそびのひとつ。

2歳児

友達と一緒で楽しい
そして「できた」の達成感も味わえる

　ホールに集まった子ども達の「おはようございます。今日もよろしくお願いします」の元気な挨拶から、栁澤先生との運動あそびが始まります。この日に先生が来ると知っていたので、子ども達ははち切れそうな笑顔です。

　「はじめは輪になって…」という先生の合図で手をつなぎ丸くなり、大きな輪になったり小さくなったり。友達と一緒にタイミングを合わせられるのもこの年齢です。体のウォーミングアップができたら、「鉄棒クモの巣」「ゆらゆらトンネル」と進みます。ここでも「こうやるんだよ！」「前より早くできた」と友達同士の声がホールに響きます。

ブーラ
ブーラ

▶「見てて、できるもん」先生がそばにいるから安心してできます。

▲「ユラユラおもしろーい」不安定な揺れが楽しい遊び。

はじめに

　私が子どもに関わる仕事に携わりたいと思ったのは、幼児運動学を専門に研究していた父(柳沢運動プログラム®の創始者)と幼稚園教諭をしていた母からの影響でした。短大で資格取得後、保育現場で保育者として仕事をする中で、運動あそびの有用性を客観的に感じるようになり、より専門的に幼児運動を勉強するために父の幼児運動学研究室に入室しました。

　ちょうど研究室では3〜5歳児の運動プログラムが完成していましたが、連続性をもたせるため0〜2歳児の運動プログラム開発を計画中でした。保育現場経験者ということで、2008年から長野県の「やよい認定こども園」の未満児クラスをお借りして、私が直接現場指導に携わることになり、2020年の現在も研究を継続しています。

　今回の著書は、3〜5歳児の柳沢運動プログラム®を基準とし、12年間に及ぶ0〜2歳児の直接指導で収集した資料を基に作成しました。乳児の運動というと未熟な赤ちゃんに何から教えれば、と身構えてしまう方が多いのではないでしょうか。実は、私も12年前に指導を始めた時もそうでした。しかし、子どもにとって身近な保育者が安心できる雰囲気を作り、楽しみながら行うことで怖がることなく楽しくあそぶことができたのです。

　また、3〜5歳児は物事(運動)に対しての好き嫌いがはっきりしてくる時期で、嫌悪感や恐怖心がある場合は取り除くのに時間がかかりますが、0〜2歳児は恐怖心より好奇心が勝るため苦手意識をもつ前に、楽しんで体を動かすことができるのです。子ども達は体を動かす楽しさを知ると共に、転んだ時にしっかり自分の体を支えられるなどけがをしにくい体を作ることもできます。ぜひ、0歳から積極的に運動を通してお子さんと関わってください。

　運動あそびの時間を設けるのが難しいようでしたら、すき間の時間にできるあそびをたくさん紹介しているので日常の中に取り入れてみましょう。運動あそびを通して多くの子ども達の笑顔が見られるよう願っています。

著者　**栁澤友希**

本書の使い方

0歳児（1～3か月、4～7か月、8～11か月、12か月～）と1歳児（1歳児前半、1歳児後半）は、発達段階の目安となる解説がついています。

身につく力

運動の基本となる5つの力「柔軟性」「バランス力」「支える力」「跳ねる力」「引きつける力」ごとにあそびを紹介。どの力を身につけたいかであそびを選ぶことができます。

すべてのあそびに役立つ 解説つき

あそび方
用意するもの
あそび方と、そのあそびに必要な道具を示しています。

援助のコツ
子どもが安全にあそぶための援助のポイントやアドバイス。

ことばかけ
あそびを始める前に子どもの興味を引き出す、あそびの最中にさらに盛り上げるためにかけることば。

 注意
ケガにつながりそうな危険な動きを避けるための注意点。

 ここがUP
そのあそびをすることで身につく力や鍛えられる部分の紹介。

8～11か月

ハイハイ・立つ

全身の動きが活発になる時期。おすわりが安定して、ハイハイやつかまり立ちができるようになると行動範囲が一気に広がります。指先でつかんだ物を持ち替えられるようになるのもこの頃です。

8～11か月　柔軟性

引っ張りっこ、よいしょ

あそび方
❶子どもと向かい合って座ります。保育者は正座をします。
❷子どもの足の裏を保育者の膝に当てます。子どもの腕を握り、軽く引いたり、ゆるめたりを繰り返します。

ことばかけ
よいしょ、よいしょ、引っ張りっこ、よいしょ。

ここがUP 柔軟性やリズム感覚が向上するほか、足の裏の刺激にもぴったり。引っ張りすぎないよう、子どもの様子を見ながら加減します。

電話もしもし

あそび方
❶子どもの体を電話に見立てて、「ピポパポ！」と胸やおなかを人差し指でやさしく押します。
❷子どもの胸に保育者の耳を当てて「もしもし～」と話します。慣れてきたら、子どもの足の裏や手のひらでも同様に行いましょう。

ことばかけ
〇〇ちゃんにお電話するよ。ピポパポ！　くすぐったいかな～。

援助のコツ 表情やタッチでやさしい雰囲気をつくり、スキンシップを楽しみましょう。

36

流れで楽しい！ あそびの組み合わせ

1 あたま・かた・ひざ・ポン！
あそび方
❶保育者と子どもは立ったまま、「あたま・かた・ひざ・ポン」の歌を歌いながら、頭・肩・膝を手で触り、「ポン！」で手拍子を1回します。
❷歌詞に合わせて、頭・目・耳・鼻・口を順番に触ります。

2 座ってあたま・かた・ひざ・トン！
あそび方
❶足を伸ばして座り、❶と同じく歌いながら、頭・肩・膝を触り、「トン！」で足先にタッチします。
❷「め・みみ・はな・くち」の歌詞では、伸ばした足に、目・耳・鼻・口を近づけます。

援助のコツ 歌あそびを取り入れることで、楽しみながら柔軟性を身につけることができます。

1 こぶじいさんエクササイズ
あそび方
❶子どもは足を開いて座り、左右の手をグーにして額に当て（こぶじいさん）、そのまま、ひじを床に近づけます。
❷保育者は足を開いて子どもの後ろに座り、軽く背中を押します。

2 ひげじいさんとてんぐさん
あそび方
❶子どもは足を伸ばした姿勢のまま、左右の手をグーにして、あごに重ねます（ひげじいさん）。保育者が左右の手（ひげ）の間を切るまねをしたら、体を前に倒しながらあごにつけた方の手を床につけます。
❷次は左右の手をグーにして、鼻につけます（てんぐさん）。保育者が左右の手（鼻）の間を切るまねをしたら、体を前に倒しながら鼻につけた方の手を床につけます。

ここがUP こぶじいさんの姿勢は首から肩、背中、腰へとつながり、全身の柔軟運動につながります。

114

あそびの組み合わせとは？

体勢をほとんど変えることなくできるあそびのバリエーションを紹介。2つのあそびを流れで行うことで、さらに力が身につきます。

本書の5つの特長

1 あそびは全266本！

0・1・2歳児のあそびと運動会種目を合わせて、掲載しているあそびはたっぷり266本。運動あそびの時間はもちろん、朝やお帰りの時間など、ちょっとしたすき間時間にも楽しめます。

2 身につく力がひと目でわかる！

「柔軟性」「バランス力」「支える力」「跳ねる力」「引きつける力」からなる基本の5つの力。身につく力別に並んでいるため、このあそびをすると、この力が身につく！とひと目で探すことができます。

3 年齢別だから探しやすい

0・1・2歳児の年齢ごとに並んでいるので、乳児クラスの担任をはじめ、プレ保育にも便利。ちょっと体を動かしたいときなど、やりたいときにすぐにあそびが見つかります。

4 指導の参考になる年間指導計画と指導案つき

ねらいや保育者の援助など、1年間の見通しが立てやすくなる年間指導計画と、運動あそびの時間が充実する指導案。これから運動あそびに力を入れたい園の参考になること間違いなし。

5 あそびをたっぷり盛り込んだ運動会種目！

1年間の行事の中でも運動会は、毎日の保育で取り組む運動あそびを保護者に披露する絶好の機会。バランスよく体を動かして、見た目にも楽しい種目案を紹介しています。

もくじ

0歳児の運動あそび

心身ともに著しく発達する0歳児。あそびや保育者との触れ合いを通して、まずは運動能力の基本となる「動き始めの力」を身につけましょう。体を動かす楽しさを積み重ねていくことが、1歳児以降の運動あそびへとつながります。

0歳児の運動機能

首のすわりからおすわり、ハイハイ、立つ、歩く
…と体の発達が著しい時期。安全で動きやすい環
境のもと、さまざまな動きを経験させることが大
切です。

●歩いたり、走ったりして
　動き回る。
●階段の上り下りができる。
●両足で跳べる。

2歳
（24か月）

●小走りができるようになる。
●しゃがむ、またぐなどができる。
●段差を一歩ずつ上り下りする。

18か月

●つたい歩きから1人で
　立てるようになる。
●指先で物をつかむよう
　になる。

15か月

●寝返りをし始める。
●支えるとおすわりができる
　ようになる。
●ずりばいを始める。
●両手で物をつかもうとする。

●1人で歩き始める。
●つみきがつめる。
●スプーンを使うようになる。

9か月

1歳
（12か月）

6か月

3か月

●うつぶせから頭を
　上げるようになる。
●首がすわり始める。
●物をつかもうとする。

●ハイハイができるようになる。
●おすわりが安定してくる。
●つかまり立ちが始まる。
●つかんだ物を持ちかえるようになる。

0歳

運動あそびを楽しく進めるには

Point 1

保育者と同じ動きをすることで、子どもは体を動かす楽しさを実感します。

Point 2

低い声、高い声など、あそびに合わせて声のトーンを変えましょう。

Point 3

楽しい、怖いなど子どもの小さな表情の変化も見逃さないことが大切。

ぴょんぴょん
楽しいね

Point 4

手のひらと足の裏には神経がいっぱい。スキンシップを通してやさしく刺激しましょう。

Point 5

ねんねの時期も触れ合いやことばかけは重要。動き始めの力が育まれます。

援助のポイントと注意点

愛着関係を築くアイコンタクト

あお向け、寝返り、抱っこなど、子どもと向き合って運動するとき、保育者は常に子どもとしっかり目を合わせて、笑顔で取り組みましょう。愛着関係の形成により子どもは安心して楽しめます。

乳児の抱え方と、手の握り方

まだ関節が弱いため、抱えるときは両わきの下をしっかり支えます。また、手を握る場合は、保育者の親指か人差し指を子どもに握らせたら、その手を包み込むようにすると離れにくくなります。

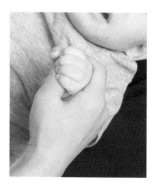

0歳児の環境づくり

毎日の園生活に取り入れることで、自然と体を動かし、運動する楽しさを実感できる環境構成をご紹介します。

❀ 懸垂力の始めは握ることから

おもちゃをつかむ、保育者の手を握る、タオルを引っ張るなど、あそびの中で引きつける力（懸垂力）を育みましょう。0歳児はつまむあそびがオススメ。

❀ 目線を上げて跳ねる力をUP

天井から風船やボールを吊るす、カーテンを束ねるフックにおもちゃをぶら下げる、と目線が上がる環境に。あごが上がると、自然とジャンプしたくなります。

❀ 壁を利用してバランス力を養って

壁際に置いたソフト平均台。1人で、友達と一緒に、壁に手をつきながら何気なくのって歩くうちに、バランス力が養われます。

❀ ハイハイやつかまり立ちしたくなる環境

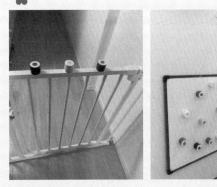

手が届く位置や少し高いところにおもちゃを置いて、ハイハイやつかまり立ちを促します。取りたくなる状況を増やして、体を支える力を鍛えましょう。

❀ 取り入れやすい伸縮性のある輪

ホースで作った輪を、大小さまざまなサイズで用意しておくと便利。握る力のほか、つかんだまま歩くことでバランス力につながります。

1〜3か月

あお向け

あお向けの状態で、動くものを目で追う追視が始まります。少しずつ手に触れたものを握ったり、なめて確認したりするように。腹ばいにすると頭を持ち上げるようになります。

1〜3か月 ◆ 動き始めの力

のびのびマッサージ

あそび方

❶子どもをあお向けに寝かせます。

❷声をかけながら肩から腰、つま先まで上から下へ何度もやさしくさすります。

> **援助のコツ**
>
> 子どもが足をピーンと伸ばすように太ももを軽く押さえながらさすりましょう。繰り返すうちに、全身の筋力がアップします。

強くなり過ぎないよう、体温を伝えるようにゆっくりやさしくさすります。

ことばかけ
のびのびすると、気持ちいいね。

バンザイあそび

あそび方

❶子どもをあお向けに寝かせ、保育者の親指を子どもが握ります。保育者は包み込むように子どもの両手を握り、ゆっくりとバンザイをします。

❷左右の手を胸の前に持ってきて、❶❷を交互に繰り返します。

 注意 無理に腕を引っ張らないようにしましょう。

子どもと視線を合わせながら行います。

ことばかけ
バンザイできるかな？
はーい、バンザーイ！

おもちゃどこどこ?

あそび方

●子どもをあお向けにして寝かせ、顔の前でおもちゃを左右にゆっくり動かします。目で追う練習をしましょう。

用意するもの
・ぬいぐるみ　・音の出るおもちゃ

慣れてきたら、おもちゃを動かす速さを変えてみましょう。

ことばかけ
おもちゃ見えるかな? こっちだよ!

鳴らして上手!

あそび方

●おもちゃを握り、音を鳴らして楽しみます。持てない場合は、洋服に挟む、または腕に通すとよいでしょう。

用意するもの
・音の出るおもちゃ

ここが UP
物を握る力は、最終的には引きつける力につながります。握れない場合でも、あそびながら楽しい雰囲気を体験させましょう。

ことばかけ
カラン、コロン。きれいな音が鳴ったね。

足の裏もみもみ

あそび方

❶子どもの足首を左手で支え、親指の腹を使って足の裏を刺激します。足の親指から小指に向かって押していきます。
❷指の付け根からかかとまで押していきます。左右の足の裏で行いましょう。

ここが UP
足の裏は反射区といって、全身とつながっているため、血液やリンパの流れもよくなります。

くすぐったがる子には、少し力を入れて行いましょう。

ことばかけ
くすぐったいかな? ここはどう? もみもみ!

29

お膝曲げ伸ばし

あそび方

❶保育者は、子どもの両足を両手で持ちます。

❷子どもの太ももがおなかにつくようにゆっくりと膝を曲げ、しばらくしてから伸ばします。

援助のコツ

膝の曲げ伸ばしを嫌がるときは、無理に行わず、子どものペースを見守りましょう。

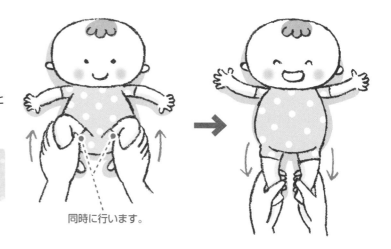

同時に行います。

お手てをギュッ

あそび方

❶子どもの手のひらに保育者の親指を入れて、子どもに握らせます。

❷保育者も子どもの手を包み込むように、握り返します。

援助のコツ

子どもがギュッと握ることができなくても、保育者が握ることで手本を見せましょう。何度か行ううちにわかるようになります。

ここが UP

握る動作が思い通りになると、自ら手のひらをいっぱいに広げられるようになります。その後の、はう動作につながっていきます。

うつぶせあそび

あそび方

❶子どもをうつぶせに寝かせ、好きなおもちゃが視界に入るようにします。

❷「おもちゃを見てごらん」などと声をかけながらおもちゃを動かしたり、鳴らしたりして、頭を上げるように促します。

用意するもの

・おもちゃ

援助のコツ

うつぶせにした際、自分で首の向きを変えられない場合は、呼吸がしやすいよう顔を横向きにします。

⚠ **注意**

布団の上であそぶときは、硬い布団で行います。

1～3か月 ◆ 動き始めの力

プカプカおもちゃは楽しいな

あそび方
●あお向けに寝た子どもの上に、おもちゃをぶら下げます。興味を示すように、揺らしましょう。

用意するもの
・ぶら下げられるおもちゃ

援助のコツ
おもちゃは、子どもが頑張れば届くぐらいの高さにぶら下げるのがベスト。触ると音が出るおもちゃも◎。

⚠️ **注意** おもちゃは子どもがなめてもよいように清潔を保ちましょう。破損などのチェックも忘れずに。

足を左右にゆーらゆら

あそび方
❶保育者は、子どもの両足首を持ちます。
❷右から左、左から右にゆっくりと動かします。

⚠️ **注意** 股関節が柔らかいので、強く引っ張らずにやさしく行います。

子どもと目を合わせながら行います。

ことばかけ
ゆーらゆら、〇〇ちゃんの足をゆーらゆら。

いないいな〜いばぁ

あそび方
❶あお向けに寝ている子どもの顔を、ハンカチなどで隠します。
❷「いないいな〜い…」と声をかけます。
❸「ばぁ！」でハンカチを外し、笑顔を見せましょう。

用意するもの
・ハンカチ

援助のコツ
「いないいな〜い…」で待つ時間を長くしたり、短くしたりして変化をつけましょう。

31

4〜7か月

寝返り・おすわり

首がすわり始め、腕や足に力が入るようになると、もうすぐ寝返りの時期。ねんねの状態から視界が変わり、さまざまな物への興味が増えてきて、ほしい物に手を伸ばすようになります。

4〜7か月 ◆ 動き始めの力

お背中　グッ

あそび方

❶子どもの手を前に出して、うつぶせにします。やさしく背中をさすります。
❷保育者が両手を子どものわきの下に入れると、子どもは背中に力が入り、頭を持ち上げて体を反らせようとします。これを数回繰り返します。

援助のコツ

足首が床から浮いているときは、ゆっくり床に下ろして軽く押さえましょう。背中を反らせやすくなります。

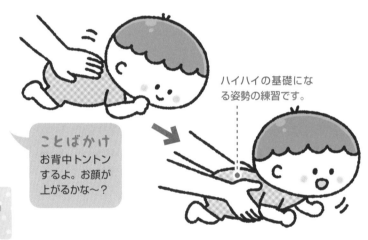

ことばかけ
お背中トントンするよ。お顔が上がるかな〜？

ハイハイの基礎になる姿勢の練習です。

寝返りレッスン

あそび方

❶子どもをあお向けに寝かせます。
❷保育者は、子どもが顔を向けている方と反対の足を持ち上げ、クルッと回転するように動かします。
❸慣れてくると、子どもは自分で下の手を抜けるようになり、寝返りが完成します。

援助のコツ

子どもが自力で頭を持ち上げ、背中を反らせるように促すことが大切です。最初は短時間で切り上げましょう。

⚠注意　必ず硬い布団の上で行いましょう。

自分で下の手を抜けると寝返り成功。

お膝でおすわり

あそび方

❶子どもを前向きに抱いたまま、座った保育者の足の上に座らせます。

❷わきの下に手を入れてしっかり支えましょう。

援助のコツ

子どもの背筋をまっすぐ伸ばして、頭が支えられているかを確認しましょう。グラグラしているときは、保育者の胸のあたりで頭を支えます。

子どものわきの下を
しっかり支えます。

金魚ゆらゆら

あそび方

●保育者は子どもの両足首を片手で持ち、金魚が泳ぐようにやさしく揺らします。

援助のコツ

上半身は揺らさず、下半身が少し揺れる程度の強さで揺らします。股関節が柔らかく未熟なため、連続して揺らすのは5回程度にしましょう。

ことばかけ
金魚さん、ゆらゆら〜。上手に泳げたね！

だるまさんコロン

あそび方

❶子どもを座らせて、両わきを持って支えます。

❷最初は右のほうへゆっくりと倒し、真ん中に戻ります。

❸次に左のほうへ倒し、真ん中に戻します。左右にゆっくり倒してあそびましょう。

援助のコツ

体が傾いたときに、子どもが自分でバランスを保ち、元に戻ろうとしていることを確認しながら行います。

ころりーん
ころーん

⚠ 注意

おすわりがしっかりとできていないうちは、前かがみになって頭を床で打たないように注意します。

おなかガタンゴトン

あそび方

❶保育者は、あお向けになります。おなかの上に子どもを座らせ、子どものわきの下を両手で支えます。
❷声をかけながら、子どもの体を横に傾けて戻します。左右で行いましょう。

援助のコツ

初めから傾け過ぎず、慣れてきたら大きく傾けるようにすると盛り上がります。

ことばかけ ガタンゴトン、左に曲がりまーす！

ガタン
ゴトン

ボールくるくる

あそび方

❶子どもを膝の上に座らせます。
❷保育者はボールを片手に持ち、子どもの目の前で円を描くように大きく回します。

用意するもの
・ボール（柔らかいもの）

ここが UP
追視の幅を広げるあそびです。ボールはゆっくりと大きく動かし、目の運動を意識します。

くるくるくるー
ボールさん
こっちだよー

片手で子どもの体をしっかりと支えます。

ツンツンこちょこちょ

あそび方

●目を合わせながら、子どものおなかを人差し指でツンツンとくすぐります。慣れてきたら、足や頬にもしてみましょう。

ここが UP
スキンシップをたくさんとることで、五感から適切な刺激が得られ、心身が発達します。また、子どもが喜ぶことが、信頼関係にもつながります。

ことばかけ
ツンツン、こちょこちょ！
くすぐったいのはどこかな？

お膝で立っち

あそび方
❶子どもを前向きに抱いたまま、座った保育者の足の上に立たせます。
❷わきの下に手を入れてしっかり支えましょう。

援助のコツ
上手に立てるようになったら、子どもの様子を見ながら、保育者は支える手をわきの下からおなかへと徐々に下げていきます。

安定しやすいように片方の足に立たせます。

なみなみ、ザップン

あそび方
❶保育者はお山座りをして、おなかの上に子どもを向かい合わせに座らせます。
❷保育者は自分の膝の裏を両手でつかみ、両足を床から離して、おしりのみでゆらゆらと揺れます。

ここがUP ゆらゆらした動きからリズム感覚やバランス感覚が養われます。最初は小さく、次第に大きく揺れると感覚がつかみやすくなります。

ことばかけ
なみなみ、ザップン。おおなみ、ザップン。

子どもは保育者の体に寄りかかるように座ると安定します。

ゆらりん毛布

あそび方
❶毛布やバスタオルなどに子どもを寝かせ、保育者2人で両端を握り、持ち上げます。
❷ゆらゆらとゆっくり揺らします。

用意するもの
・毛布やバスタオル

ここがUP ゆらゆらとした左右の揺れや、ふわっと体が持ち上がる感覚を楽しみます。

ゆ～ら　ゆ～ら
ゆらりん

⚠ **注意** 高く持ち上げる必要はありません。落下しないように、しっかりと握ります。

8〜11か月

ハイハイ・立つ

全身の動きが活発になる時期。おすわりが安定して、ハイハイや
つかまり立ちができるようになると行動範囲が一気に広がります。
指先でつかんだ物を持ち替えられるようになるのもこの頃です。

8〜11か月　柔軟性

8〜11か月　🍀 柔軟性

引っ張りっこ、よいしょ

あそび方

❶子どもと向かい合って座ります。保育者は正座を
します。
❷子どもの足の裏を保育者の膝に当てます。子ども
の腕を握り、軽く引いたり、ゆるめたりを繰り返し
ます。

> **ことばかけ**
> よいしょ、よいしょ、
> 引っ張りっこ、よい
> しょ。

よいしょ
よいしょ

ここがUP
柔軟性やリズム感覚が向上するほか、足の裏の刺
激にもぴったり。引っ張りすぎないよう、子ども
の様子を見ながら加減します。

電話もしもし

あそび方

❶子どもの体を電話に見立てて、「ピポパポ！」と胸
やおなかを人差し指でやさしく押します。
❷子どもの胸に保育者の耳を当てて「もしもし〜」と
話します。慣れてきたら、子どもの足の裏や手のひ
らでも同様に行いましょう。

援助のコツ
表情やタッチでやさしい雰囲気をつくり、スキンシップを
楽しみましょう。

ピポ
パポ

> **ことばかけ**
> 〇〇ちゃんにお電話す
> るよ。ピポパポ！　くす
> ぐったいかな〜。

もしもし〜

左側縦書き：8〜11か月　柔軟性

足の指ポンッ

あそび方

❶子どもの足首を持ち、指の付け根を、親指から順にやさしく時計回りにクルクルと回して、ポンッと離します。

❷離した手を子どもの額やおなかに飛ばします。親指から順に小指まで1本ずつ行います。

援助のコツ

飛ばすところを変えていくと、子どもは次にどこに飛んでいくか予測しながら楽しむようになります。

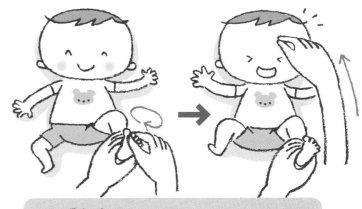

ことばかけ　クルクル～ポンッ！　おでこに飛んでったね。

ぎったんばっこん

あそび方

❶保育者は足を伸ばして座り、その上に子どもをのせます。保育者の親指を子どもに握らせたら、子どもの手を包み込むように握ります。

❷「ぎったん」で子どもは保育者の足の上に倒れるように寝ます。「ばっこん」で保育者が後ろに倒れて子どもが起き上がります。

援助のコツ

子どもは保育者の動きを見てまねをします。表情豊かに大きな動作で行いましょう。

ことばかけ
〇〇ちゃんと一緒にシーソーあそびをするよ！

ぎったん

ばっこん

ボートこぎ

あそび方

❶保育者は足を伸ばして座り、その上に子どもをのせます。

❷ボートをこぐように、体を前に倒したり戻したりします。

援助のコツ

子どもの体の柔らかさによって、前に倒せる角度が異なります。子どもの様子を見ながら行いましょう。

ことばかけ
ボートが出発するよ！
1、2！

上に下に抱っこ

あそび方

❶保育者は立った状態で両手を組み、腕の間に子どものおしりを入れながら支えます。

❷保育者の膝を曲げ伸ばしして上下に動かします。

⚠️ **注意** 外れないように手をしっかりと組みましょう。子どもの体が前に倒れないよう安定させます。

ことばかけ
上に、下に動きまーす。

腕の間に子どものおしりをすっぽり入れると安定しやすくなります。

お膝のお山に立てるかな?

あそび方

●保育者はお山座りをして、子どもの両わきを支えながら、膝の上に立たせます。

援助のコツ

うまく膝の上に立てないときは、お山座りではなく膝を伸ばした状態から始めましょう。

ことばかけ
グラグラするね。上手に立てるかな?

エレベーター

あそび方

❶保育者はあぐらをかきます。

❷子どもの首とおしりをしっかり支えて、ゆっくりと上げたり下げたりします。

援助のコツ

子どもの体重が重く支えるのが大変な場合は、両わきを閉めた状態で行うと重さが軽減します。

ことばかけ
エレベーターで〇〇ちゃんをどの階まで運びましょう?

上に上がりまーす

首の下を手でしっかり支えます。

両わきを閉めると、持ち上げやすくなります。

8〜11か月 ● 支える力

ハイハイ山登り

用意するもの
• 布団

あそび方
❶畳んだ布団の上に、もう1枚敷布団を重ねて山を作ります。
❷保育者は山の反対側から声をかけ、ハイハイで山を登るよう促しましょう。

ここが UP 山にすることで、腕、足、腰に負荷がかかり、支持力や脚力がつきます。

下るときは転びやすいので、布団を長くしておきましょう。

ハイハイ宝探し

あそび方
❶子どもが好きな物を見ている状態で、タオルをかけて隠します。
❷子どもがハイハイで取りに行ける位置に置きます。自分でタオルをめくり、おもちゃを見つけられるようことばかけで促します。

用意するもの
• 子どもの好きな物（おもちゃなど）
• タオル

ことばかけ
あれ？ 〇〇ちゃんの好きなおもちゃがなくなっちゃった…どこかな？

ハイハイで取りに行く動線には、危ない物を置かないようにします。

ハイハイボウリング

用意するもの
• ペットボトルのふたをくっつけたおもちゃ

あそび方
❶ハイハイできるスペースに、ペットボトルのふたをくっつけたおもちゃをランダムに置きます。
❷子どもはハイハイで、倒していきます。

援助のコツ
初めは保育者が倒すところを見せて、子どもが興味をもてるようにしましょう。慣れてきたら、いろいろなところに置いて、子どもが動く範囲を広げます。

ことばかけ
いくつ倒せるかな？

8
〜
11
か
月

支
え
る
力

39

抱っこでぴょんぴょん

あそび方

❶保育者は両足を閉じて伸ばした状態で床に座ります。向かい合うように子どもを抱っこします。

❷子どものわきの下を抱えて、保育者の両足の上でジャンプさせます。

ここがUP　膝の曲げ伸ばしを意識することで下半身の力がつき、安定した歩行へと繋がります。

⚠ **注意**
肩の関節がまだ弱いため、腕ではなく子どものわきの下を抱えます。

風船にタッチできるかな?

あそび方

❶天井などからひもを吊るし、風船につけます。

❷保育者が子どもを抱きかかえて、風船にタッチしましょう。

用意するもの
・風船　・ひも

ことばかけ
風船にタッチしようね。揺れたよー。

援助のコツ
まずは保育者が風船にタッチして、吊るしてある風船に興味をもつように促します。

背中の上でジャンピング

あそび方

❶保育者はうつぶせになります。

❷もう1人の保育者は子どもを抱きかかえ、保育者の背中の上でジャンプさせます。

援助のコツ
初めはゆっくり行い、慣れてきたらジャンプする速さや高さを変えると楽しいです。

ことばかけ
先生の背中でピョンピョン跳ねてみよう!

勢いをつけすぎて背中を痛めないようにします。

タオル抜いて！

あそび方

❶子どもと向かい合って座り、保育者はタオルの端を軽く持ちます。

❷タオルの端を子どもが両手で持つように促し、「引っこ抜ーいて！」とことばかけします。

❸子どもがタオルを引っ張ったら力をゆるめて、タオルを引き抜かせましょう。

用意するもの

・タオルやハンカチ

抜けたー

⚠️ 注意 保育者がタオルを持つ力を急にゆるめると、反動で子どもが後ろに倒れる危険があるので、気をつけます。

引っ張りっこ、ゴーゴー

あそび方

❶子どもをあお向けに寝かせます。保育者がホースの輪を見せながら「引っ張りっこしましょ」とことばかけをします。

❷子どもが輪を握ったら、リズミカルに引っ張りっこします。

用意するもの

・ホースの輪

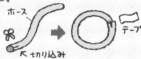 切り込みを入れたほうの穴に逆側のホースの先を差し込み、テープでとめます。

握る力に応じて体が起き上がることがありますが、腕の曲げ伸ばし程度にとどめましょう。

ボール待て待て

あそび方

❶子どもの視界に入るところに、ボールをゆっくり転がします。

❷子どもがボールを取りに行くようになったら、転がすスピードに変化をつけましょう。

用意するもの

・ゴムボール

ことばかけ
ボールコロコロ、取りに行けるかな？

⚠️ 注意 ボールを取りに行くとき、物などに当たらないよう、転がす先に配慮します。

12か月〜

1人立ち・1人歩き

つかまらずに立てるようになり、次第に1人で歩き始めます。積み木を積む、スプーンを使うなど細かな指先の動きもできるようになり、運動能力がぐんと発達する時期です。

12か月〜

柔軟性

12か月〜 ❀ 柔軟性

コロコロキャッチボール

用意するもの
・ボール（やわらかい素材のもの）

あそび方
❶保育者は子どもと向かい合って、足を開いて座ります。
❷ボールを子どもに向かって転がします。子どもが受け取ったら、保育者に向かって転がすよう促します。

援助のコツ
動くボールに調子を合わせられないときは、保育者が子どもの後ろに寄り沿って、まずはボールを転がすことから行いましょう。

コロコロー

保育者は開いた足の真ん中をめがけて転がします。

逆さま抱っこ

あそび方
❶保育者は足を肩幅に開いて立ち、子どものわきを支えて抱っこします。
❷左手で子どもの首を、右手でおしりをしっかりと支えて抱っこした状態で、保育者はおじぎをして、子どもを逆さまにします。

⚠ **注意** 急に逆さまにすると、子どもが恐怖心を抱くため、慣れるまでは、保育者と体をぴったりくっつけて安心感を与えましょう。

ことばかけ
ほら、逆さまだよ。お空が見えるね。

援助のコツ
保育者は足を肩幅に開き、安定した姿勢でおじぎします。子どもが怖がらないよう、最初は下半身をぴったりつけて浅いおじぎからスタート。

子どもの首の後ろとおしりをしっかり支えましょう。

にぎにぎ鉄棒

用意するもの
・鉄棒　・マット

あそび方
●子どもが手を伸ばせば届く程度に鉄棒の高さを調節します。子どもは立ち上がって、両手で鉄棒を握ります。

注意 保育者はすぐ近くで補助し、子どもがしりもちをついたり、鉄棒がぐらついたりしないよう見守ります。

ギュッ

鉄棒を握るだけでOKです。ぶら下がりたい子は、やってみても◎。

高い高い飛行機

あそび方
❶保育者は、子どもの両わきを手でしっかりと支えて、体を持ち上げます。"高い高い"の要領で行います。
❷ことばかけをしながら、いろいろな方向に体を動かしましょう。

援助のコツ
子どもの両腕が自然と広がるのを確認してから、スピード感が楽しめるように上下左右へと動かします。

ことばかけ
ブーン、飛行機が高く上がりま～す！

注意
必要以上に体や頭を強く揺さぶらないようにします。

フォークリフト

あそび方
❶保育者はあお向けになって膝を曲げ、すねの上に子どもをのせます。
❷保育者は子どものわきの下をしっかり支え、膝を曲げ伸ばししながら上下に動かします。

ここがUP いつもより高い目線を楽しみながら、バランス感覚を身につけます。保育者は目線を合わせて、落下しないように注意します。

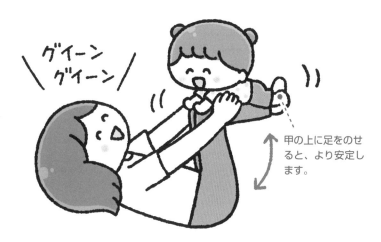

グイーン
グイーン

甲の上に足をのせると、より安定します。

足を越えて1、2

あそび方
❶保育者は足を広げて座ります。
❷子どものわきの下を支えながら、保育者の足を片方ずつまたいで歩くよう促します。

援助のコツ
保育者の膝や太もものあたりなど、またぐ位置を変えると、足を上げる高さに変化が出ます。

ここがUP
保育者の足が障害物となり、歩く練習になります。片足を上げて体を支えたり、足を運んだりする練習にピッタリ。

1、2

ゆりかごあそび

あそび方
❶保育者はあぐらを組んで、その上に子どもを寝かせます。
❷両手で体を支えながら、組んだ足ごと左右にゆっくりと揺らします。

ことばかけ
ゆらゆら気持ちよくて眠くなってきちゃったね。

慣れてきたら、揺れる角度に強弱をつけましょう。

きりんさんに変身

あそび方
●保育者はしゃがんで、子どもの後ろから両わきを抱きかかえて、肩車をしたらゆっくりと立ちます。

援助のコツ
高さを怖がる子には、肩車をしてから立たずにしゃがんだ状態で高さを調整します。

子どもが後ろに倒れないようにしっかり支えます。

ことばかけ
首の長〜い動物なーんだ?

テーブルトンネル通過！

あそび方

❶机にシーツなどの布をかぶせて、トンネルにします。

❷子どもにハイハイでトンネルに入るよう促し、保育者は出口で手をたたくなどして待ちます。

❸子どもが出口に到着したら、ほめましょう。

用意するもの

・机　・シーツなど大きい布

⚠ **注意**
使い終わった布はすぐに片づけ、転倒事故を防ぎましょう。

上手にくぐれたね！

ショベルカー出動！

あそび方

❶子どもを後ろから抱きかかえ、床に手をつくように下ろします。

❷ショベルカーのように体を持ち上げて、もう一度床に手をつくようにゆっくりと下ろします。

援助のコツ

子どもは後ろから抱きかかえられると、しがみつくものがなく、不安な気持ちに。急に動かして驚かさないよう、やさしく声をかけてゆっくり行います。

ことばかけ
ウィーン、土を掘って持ち上げるよ。

ハイハイ待て待て〜

あそび方

❶保育者と子どもはハイハイの姿勢になり、互いに追いかけっこします。

❷保育者は追いかけるスピードを変えたり、途中で追いかけるのを止めて待ったりして、子どもが確認しながら逃げられるように調整します。

ここがUP
ハイハイをしながら追いかけっこすることで、楽しみながら支持力が身につきます。

待て待て〜

ことばかけ
〇〇ちゃんを捕まえちゃうよ。待て待て〜！

お空にジャンプ！

あそび方

❶保育者は両膝を曲げて重心を下げ、子どものわきの下に手を入れて支えます。

❷その場で子どもを2回弾ませます。

❸3回目のジャンプで保育者はまっすぐに立ち、子どもを頭上に持ち上げます。

⚠注意 持ち上げたときに、子どもの頭をぶつけないよう周りの環境に気をつけます。

ジャーンプ！

わきの下をしっかり支えて、手は離さないこと。

お山でトランポリン

あそび方

❶クッション3枚を少しずつ重なるように置き、その上にマットをかぶせます。

❷トランポリンのようにその上をジャンプします。うまく跳べない子は保育者が補助します。

用意するもの

・クッション3枚
・柔らかいマット

ポーンポン

左右にジャンプ

あそび方

❶保育者は足を広げて座り、子どもの両わきを持ちます。

❷足の間から右足の外側へジャンプさせます。左右交互に行いましょう。

援助のコツ

足が開きすぎているとジャンプするのが難しくなるので、足の開きは狭くします。

ことばかけ
先生の足をジャンプで跳び越すよ！

輪っかにつかまれ！

あそび方
❶ホースの輪を用意し、うつぶせになった子どもの前に差し出します。
❷子どもが両手で握ったら、少し傾けながら輪を持ち上げていきます。

援助のコツ
輪をすぐに離してしまう子には、子どもが握っている手の上から保育者が手で覆うように握り、つかみ方を教えます。

用意するもの
• ホースの輪
（作り方はP41）

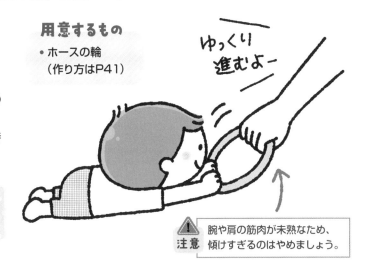

ゆっくり進むよ～

⚠️ **注意** 腕や肩の筋肉が未熟なため、傾けすぎるのはやめましょう。

タオルで綱引き

あそび方
❶保育者は子どもと向かい合って立ち、タオルの両端をそれぞれ持ちます。
❷互いにタオルを引っ張りながら、体を前後に動かして押したり引いたりします。

用意するもの
• タオル

ここがUP 押したり引いたり力加減を経験しながら、体の使い方や力の入れ方を覚えます。

よいしょ！

子どもの様子を見ながら、保育者は引っ張るときに少しだけ力を入れます。

小さなゆらゆらトンネル

あそび方
❶小さなフープに大きめのジョイントマットを入れてトンネルを作ります。
❷大きさを調整して、子どもがトンネルの中をはって進めるように促します。

用意するもの
• 小さいフープ2、3本
• 大きめのジョイントマット

援助のコツ
怖がる子には、慣れるまで保育者がマットの外から支えて揺れないようにします。

ことばかけ
ゆらゆら揺れるよ。前に進めるかな？

柔軟性 ✿

1 キックキックできるかな？

あそび方

❶子どもをあお向けに寝かせ、足を浮かせた状態で足の裏に保育者の手のひらを当てます。

❷保育者は軽く足の裏を押して、キックするように促します。

ピーン

援助のコツ

慣れたら、左右の足で交互にキックしてみましょう。

2 足でいないいないばぁ〜

あそび方

●子どもをあお向けに寝かせます。両足の裏で保育者の顔を隠し、広げて"いないいないばぁ"をします。

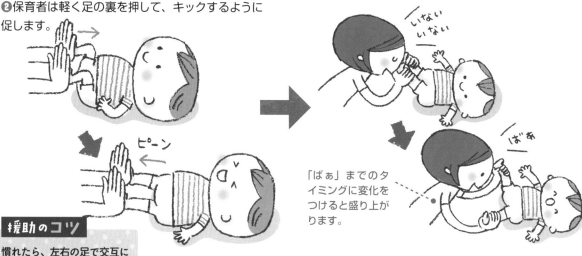

いない
いない

ばぁ

「ばぁ」までのタイミングに変化をつけると盛り上がります。

柔軟性 ✿

1 足を閉じてこんにちは

あそび方

●足を伸ばして座り、「こんにちは！」と上半身を倒しておじぎをします。

こんにちは

援助のコツ

大人数であそぶ場合、保育者や友達の姿が見えるよう、丸くなって行うとよいでしょう。

2 足を開いてこんにちは

あそび方

●足を開いて座り、左右のどちらかの足に「こんにちは！」と上半身を倒しておじぎします。足につくくらい、できるだけ頭を前に倒せるとよいです。

こんにちは

ここがUP

頭が足につくように体を前に倒していくと、柔軟性がさらに養われます。

頭を足にくっつけられるとよいです。

バランスカ ●

1 ゴーゴー！ バスタオル号

あそび方

❶大きめのバスタオルを用意し、子どもをうつぶせにしてのせます。

❷ゆっくりとバスタオルを引っ張り、バスタオルごと子どもを引きずりましょう。

用意するもの
・バスタオル

援助のコツ

子どもが落ちないよう、保育者は重心を低くして、ゆっくりと引っ張ります。

しゅっぱーっ

2 魔法のじゅうたん

あそび方

❶床の上にバスタオルを敷き、その上に子どもを座らせてタオルの端を握らせます。

❷保育者はバスタオルの端を持ち、ゆっくりと引っ張ります。

⚠ **注意** 後ろにひっくり返らないようにしっかりとタオルの端を握らせます。まずは、バランスをとることに慣らしましょう。

バランスカ ●

1 回ってクルクル

あそび方

❶保育者は、子どもの両わきを手でしっかりと支えて、体を持ち上げます。

❷ゆっくりとクルクル回ります。

⚠ **注意** 必要以上に体や頭を強く揺さぶらないようにします。

2 飛行機クルクル

あそび方

❶保育者は子どもの両足の間から腕を入れ、もう片方の手で胸を支えたら、横抱きにして胸の高さまで持ち上げます。

❷慣れてきたら、上下左右に動かしたり動きをピタッと止めたりします。

ここが UP

いつもとは違う視界が楽しめます。体を反らして、自分でバランスをとりながら体を支える力が育ちます。

バランス力 ●

1 お膝すべり台

あそび方
❶保育者はお山座りをして、子どもの両わきを後ろから抱きかかえます。
❷保育者の膝の上に子どものおしりをのせて、足先へとすべらせましょう。

シュー

援助のコツ
保育者のすねと子どもの背中がしっかり密着するようにすべらせると安定します。

2 長〜い足すべり台

あそび方
❶保育者は、椅子に浅く座って足を伸ばします。
❷子どもの両わきを支えながら、足の上をすべらせます。

用意するもの
・椅子

「3、2、1、シュー！」とカウントダウンをしてからすべらせると楽しいです。

バランス力 ●

1 おなかでゆらゆら

あそび方
●あお向けになった保育者の上に、子どもを座らせて左右に揺らします。

ことばかけ
右にゆ〜らん、左にゆ〜らん。

2 おなかでコロコロリン

あそび方
❶あお向けになった保育者の上に、子どもがうつぶせに寝ます。
❷しっかりと体を支えながら、左右に揺らします。

援助のコツ
保育者はアイコンタクトをとると、子どもは安心して揺れを楽しむことができます。

1 けってハイハイ

あそび方

❶子どもをうつぶせに寝かせ、手は前に出した状態にします。

❷保育者の手のひらを子どもの足の裏に当て、左右の足を交互に軽く押します。子どもがけり返す反動でずりばいするよう促します。

ここが UP

保育者が押す力を利用して、子どもはけって前に進むことを覚えます。

子どもの足が開きすぎていないか確認を。

2 もうすぐハイハイ

あそび方

❶保育者は、うつぶせをした子どもの胸の下に片手を入れて、少し持ち上げます。子どもの手のひらと膝は床につくようにします。

❷胸を少し持ち上げて支えながら、もう片方の手で子どもの手を持ち、少し前に差し出すようにします。声をかけながら交互に手を出せるよう促します。

援助のコツ

少し手を伸ばせば届く位置に、好きなおもちゃを置くと自然と手が前に出ます。自分から動く気持ちを育てましょう。

支える力●

10か月〜

あそびの組み合わせ

1 足トンネルをくぐろう

あそび方

●ハイハイしている子どもの近くに、保育者は足を広げてトンネルを作ります。子どもに声をかけながら、くぐり抜けるよう促します。

初めはトンネルになった保育者が動いて、子どもにくぐる感覚を伝えましょう。

くぐれるかな?

2 フープトンネルをくぐろう

あそび方

❶保育者は、大きさの違うフープを床に立ててトンネルを作ります。

❷ことばかけをしながら、続けて子どもがくぐりたくなるよう促します。

援助のコツ

保育者がトンネルをくぐって見せると安心して、後に続くようになります。

今度は大きいよ

用意するもの

・フープ

支える力●

51

跳ねる力 ★

1 1、2、3でジャンプ！

あそび方

❶保育者は足を開いて床に座り、子どもの両わきを支えて「1、2、3…」と唱えながら軽く3回ジャンプさせます。

❷「ジャーンプ！」のタイミングで子どもの体を高く持ち上げます。

ジャーンプ！

子どもが自分でジャンプしようとするタイミングを逃さないようにします。

2 小刻みジャンプ！

あそび方

❶保育者は、広げた足の開きを狭くします。

❷もう1人の保育者が子どもを持ち上げて、足の間をジャンプできるようにします。

それっ

ことばかけ
先生の足を、跳び越しまーす。

跳ねる力 ★

1 ボールの上でジャンプ！

あそび方

❶子どもの両わきを支え、バランスボールの上に立たせます。

❷ボールの上で跳ねさせます。

用意するもの
・バランスボール

ボヨン
ボヨン

⚠️ **注意** ボールが転がってうまくできないときは、壁などにボールをつけて行うとよいです。

2 ジャンプでGO！

あそび方

●左の「ボールの上でジャンプ！」に慣れたら、ボールが転がる方向に合わせて、ジャンプしながら進みます。

 注意
バランスが崩れたら、すぐに子どもをボールの上から降ろします。

援助のコツ
初めは、進む方向に合わせて大きくジャンプし、慣れたら、小刻みにジャンプするようにしましょう。

1 起きてこられるかな?

あそび方

❶保育者は足を伸ばして座り、その上にあお向けに子どもを寝かせます。

❷保育者の親指を子どもが握り、包み込むように握ったら、そのままゆっくりと起こします。うまく起こせない場合は、手を握るのではなく、体を支えて起こします。

子どもがひじを曲げながら起き上がろうとして、頭を上げたタイミングで起こすようにします。

2 おすわりからゴロン

あそび方

●左の「起きてこられるかな?」ができるようになったら、そのままの姿勢で倒れるように寝ます。

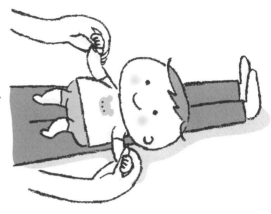

⚠注意 倒れる動きのほうが勢いがつきやすいため、握っている手で倒れるスピードを調整します。

---

1 ぞうさん

あそび方

●保育者は、子どもの足の間に手を入れて股を支えます。子どもはその腕にしっかりつかまり、保育者はゆっくり立ち上がります。

保育者は支えている手と反対の手でも、いつでも子どもの体を支えられるようにしましょう。

2 ぞうさんのメリーゴーランド

あそび方

●左の「ぞうさん」の姿勢のまま、保育者は腕ごと体を左右に揺らしたり、ひと回りしたりします。

援助のコツ

体勢に慣れるまで、初めはゆっくりと動き出し、徐々に速めるようにします。

0歳児の運動あそび 年間指導計画 高月齢児

子どもの発達に合わせて、楽しく運動あそびに取り組めるよう、一年間の指導計画を立てましょう。見通しをもちながら、安全面や保育者の配慮、環境づくりを整え、心身ともに子どもの成長を見守ります。

年間目標

● 一人ひとりの発育に応じて、楽しんで体を動かす。

保育者の配慮

● 保育者の姿を見て、子どもも一緒になって体を動かすので、まずは保育者が楽しんで行う。

● できたときにはその場でたくさん認めて、挑戦する気持ちや自信につなげていく。

● 無理強いはせず、楽しみながら運動あそびが経験できるようにする。

月	4月	5月
内容 ／ ねらい	ハイハイや伝い歩きをして体を動かす。	伝い歩きをして体を動かす。歩行を楽しむ。
体の柔軟性	● 足を左右にゆーらゆら 動 →P31	● 足を左右にゆーらゆら 動 →P31 ● 電話もしもし →P36
体のバランス力	● お膝曲げ伸ばし 動 →P30	● ゆらりん毛布 動 →P35
体を支える力	● ハイハイ山登り →P39 ————————→	
体で跳ねる力		● 抱っこでぴょんぴょん →P40
体を引きつける力	● 引っ張りっこ、ゴーゴー →P41 ————————→	

月	10月	11月
内容 ／ ねらい	友達が体を動かす姿を見て興味をもつ。	運動用具に興味を示し保育者のまねをして体を動かすことを楽しむ。
体の柔軟性	● 引っ張りっこ、よいしょ →P36 ● 足を閉じてこんにちは →P48	● 足でいないいないばぁ〜 →P48
体のバランス力	● お膝すべり台 →P50 ● 長〜い足すべり台 →P50	● お膝のお山に立てるかな？ →P38 ● 回ってクルクル →P49
体を支える力	● ハイハイ待て待て〜 →P45 ————————→	
体で跳ねる力	————————→	● ボールの上でジャンプ！ →P52
体を引きつける力	————————→	● 起きてこられるかな？ →P53

6月	7月	8月	9月
自ら体を楽しみながら動かす。	体を動かして遊ぶことを楽しむ。	保育者と触れ合いながら楽しく体を動かす。	保育者と楽しく体を動かす。
● 電話もしもし →P36 ● 引っ張りっこ、よいしょ →P36	● 引っ張りっこ、よいしょ →P36 ● 足を閉じてこんにちは →P48	● 足を閉じてこんにちは →P48 ● ぎったんばっこん →P37	● 電話もしもし →P36 ● 引っ張りっこ、よいしょ →P36
● お膝でおすわり 動 →P33 ● 上に下に抱っこ →P38	● エレベーター →P38	● お膝で立っち 動 →P35 ● おなかでゆらゆら →P50	● ゆりかごあそび →P44 ● おなかでコロコロリン →P50
● ハイハイボウリング →P39 ———→		● ショベルカー出動！ →P45	● ハイハイ宝探し →P39
———→	● 風船にタッチできるかな？ →P40 ———→		● お空にジャンプ！ →P46
● ボール待て待て →P41	● タオル抜いて！ →P41 ———→		● 小さなゆらゆらトンネル →P47

12月	1月	2月	3月
保育者や友達の動きをまねして楽しく体を動かす。	運動あそびに慣れ興味をもつ。	友達と関わりながら楽しく体を動かす。	体を動かすことに親しみをもつ。
● ぎったんばっこん →P37 ● 足でいないいないばぁ～ →P48	● 足を開いてこんにちは →P48	● コロコロキャッチボール →P42	● 逆さま抱っこ →P42
● フォークリフト →P43 ● 飛行機クルクル →P49	● 足を越えて1、2 →P44	● にぎにぎ鉄棒 →P43 ● きりんさんに変身 →P44	● 高い高い飛行機 →P43
● テーブルトンネル通過！ →P45	● 足トンネルをくぐろう →P51 ———→		● フープトンネルをくぐろう →P51
● 1、2、3でジャンプ！ →P52 ———→		● 左右にジャンプ →P46 ———→	
———→	● タオルで綱引き →P47		● 輪っかにつかまれ！ →P47

動 …1～3か月、4～7か月の「動き始めの力」を5つの力に振り分けています。

0歳児の運動あそび
指導案

保育者との関わりを通して体を動かしてもらうことから、徐々に自分で体を動かす楽しさを知る0歳児。準備体操からサーキットまで全身をじっくり動かすあそびを意識して。

事例❶（30分）

ねらい
- 保育者と一緒に運動あそびを楽しむ。
- 安心できる環境で体を動かしてあそぶ。

時刻		あそび名	援助・注意点
9：30	準備体操	<ul><li>ぎったんばっこん →P37</li><li>電話もしもし →P36</li><li>いないいな～いばぁ →P31</li></ul>	<ul><li>表情豊かに大きな動作で行う。</li><li>名前を呼びかけるなど、スキンシップを楽しむ。</li><li>「…ばぁ」は、思いきりの笑顔を見せる。</li></ul>
	保育者と	<ul><li>エレベーター →P38</li><li>お膝のお山に立てるかな？ →P38</li><li>足を越えて1、2 →P44</li><li>起きてこられるかな？ →P53</li></ul>	<ul><li>子どもを持ち上げるときは、両わきを閉めて行う。</li><li>怖がる場合は、まず膝を伸ばした状態で立たせる。</li><li>またぐ位置を変え、子どもが足を上げる高さに変化をだす。</li><li>子どもが起きようとするタイミングを見極める。</li></ul>
9：45	子ども自身で	<ul><li>ハイハイ山登り →P39</li></ul>	<ul><li>下りる側の布団を長めにする。</li><li>子どもの正面に座り、目を見て補助することで安心感を与える。</li></ul>
9：50	サーキット	<ul><li>にぎにぎ鉄棒 →P43 → テーブルトンネル通過！ →P45 → お山でトランポリン →P46 → ゴーゴー！　バスタオル号 →P49</li></ul>	<ul><li>鉄棒は子どもが手を伸ばせば届く高さにし、すぐそばで補助する。</li><li>使い終わった布はすぐに片付ける。</li><li>ジャンプできない子には、保育者が体を支えてジャンプのまねを行う。</li><li>保育者は重心を低くして、ゆっくりと引っ張る。</li></ul>

立案のポイント

● 子どもの体調のよい時に行い、無理せず臨機応変に変える。

● 常に目線を合わせて、ことばをかけながら行う。

● 「保育者と」のあそびを多く取り入れ、楽しさを実感できるように。

事例❷（30分）

ねらい
• 保育者と一緒に運動あそびを楽しむ。
• 自ら体を動かす楽しさを感じる。

時刻		あそび名	援助・注意点
9：30	準備体操	• 足の指ポンッ →P37 • 足を開いてこんにちは →P48 • 回ってクルクル →P49	• 飛ばすところを変えると、次はどこに飛ぶかの予測を楽しむように。 • 足につくように体を前に倒して柔軟性を養う。 • 必要以上に体や頭を強く揺さぶらない。
	保育者と	• フォークリフト →P43 • 上に下に抱っこ →P38 • 高い高い飛行機 →P43 • 左右にジャンプ →P46	• 目線を合わせて落下しないよう支える。 • 腕の間に子どものおしりを入れて安定させる。 • ことばかけをしながら、いろいろな方向に体を動かす。 • ジャンプしやすいよう、足の開きは狭める。
9：45	子ども自身で	• フープトンネルをくぐろう →P51	• 子どもがくぐりたくなるよう、ことばかけで促す。 • 保育者が先にトンネルをくぐり、子どもを安心させる。
9：50	サーキット	• 風船にタッチできるかな？ →P40 → 小さなゆらゆらトンネル →P47 → 魔法のじゅうたん →P49 → 輪っかにつかまれ！ →P47	• 保育者が風船にタッチして、吊るした風船に興味をもたせる。 • はじめはトンネルの外から支えて揺れないようにする。 • 後ろにひっくり返らないようタオルの端を握らせる。 • 腕や肩の筋肉が未熟なため、傾け過ぎない。

1歳児の運動あそび

1人で歩き始めるようになり、行動範囲が広がっていくことで、運動能力がぐんと発達する時期。大人のまねをすることが増えてくるので、一緒に運動あそびを行うなかで、保育者自身が楽しむ姿を見せるとよいでしょう。

1歳児の運動機能

ハイハイの経験から、立つ、歩くの基礎となる力が身につきます。歩行が安定してきたら、自由に体を動かせるよう、安全で活動しやすい環境を用意しましょう。

●基本的な運動能力が身につく。
●ボールを1回ついて取れる。
●ケンケンで前に進める。

3歳

●片足立ちや後ろ歩きなどができる。
●三輪車にまたがり、地面をけって進む。
●手を持ってもらい、平均台の上を歩く。

2歳6か月

●1人で歩き始める。
●おもちゃのひもを引っ張って歩いたりする。
●車のおもちゃを手で動かす。
●階段をハイハイで上り下りする。

2歳

●転ばずに走れるようになる。
●両足でジャンプする。
●鉄棒にぶら下がる。

1歳6か月

1歳3か月

●小走りができるようになる。
●ボールを投げたりけったりできる。
●しゃがむ、またぐなどができる。

1歳

●1人で立てるようになる。
●親指と人差し指で物をつまむ。
●物を持ったまま立ち上がろうとする。

運動あそびを楽しく進めるには

Point 1
できたときは思いきり認めて。達成感が挑戦する気持ちを育てます。

Point 2
例えそのあそびができなくても、保育者が補助することで「できる」という、雰囲気を味わうことも大切。

Point 3
できるようになりたいと、挑戦している子どもには、待つことも重要です。

Point 4
鉄棒や跳び箱、なわなどを毎日のあそびに取り入れて道具に慣れましょう。

Point 5
子どもが「もっと！」と言うときは「あと〇回だよ」と見通しが立てられるようにします。

援助のポイントと注意点

保育者のまなざしが子どもの安心感に

慣れない動きを行うとき、子どもは不安でいっぱい。保育者はそのとき、子どもの目を見て補助を行い、見守る姿勢を示すことが大切です。繰り返すうちに「怖いけど頑張ろう」と自信がわいてきます。

補助を減らし「1人でできた!」

保育者と子どもが向かい合い、両手をつないで行うあそびの場合、慣れてきたら、補助を両手から片手に減らしましょう。子どもの様子を見ながら行うことで、1人でできる力を育みます。

1歳児の環境づくり

毎日の園生活に取り入れることで、自然と体を動かし、運動する楽しさを実感できるひと工夫をご紹介します。

🍀 線路の中をまっすぐ歩いて

2本のビニールテープを廊下に平行に貼り、子どもが線路の中を意識して歩けるように促します。慣れてきたら、クマさん歩きで体を支える力を鍛えましょう。

🍀 並べた輪で安定した歩行を

廊下や保育室にホースの輪を一列に並べます。輪の大きさに合わせて歩幅を変えたり、わざとホースの輪の上を踏んだり、一歩進めるごとに歩く楽しさを感じられます。

🍀 大型つみきを電車に見立てて

大型つみきは、またいだときに足がつく高さのものを用意。前についた両腕で体を支えながら、おしりを上げて進みます。ホースの輪を渡して運転士に変身！

🍀 グラグラ…ペットボトル平均台

ペットボトル（500ml）を、左右交互に並べ、その上を歩きます。ペットボトルの硬さや形を足の裏で感じながら、バランス感覚を養えます。

🍀 手軽で簡単、牛乳パックの山

新聞紙などを重しに入れた牛乳パック4、5本をテープで留めます。1歳児にちょうどよい高さでジャンプしたり、よじ上ったり、全身運動ができる優れものです。

1歳児前半

立つ・歩く

伝い歩きから、1人で立つようになり、やがて両手でバランスをとりながら歩き始めます。興味のおもむくままに動き回るなど行動範囲が広がり、ますます目が離せなくなる時期です。

1歳児前半 柔軟性

1歳児前半 ❀ 柔軟性

ビューンと飛ぼう

あそび方

❶保育者は足を広げて座り、その後ろに子どもが立ちます。

❷保育者は子どもの手首をしっかり握って体を前に曲げ、子どもを背中にのせるようにします。

援助のコツ

子どもは両腕を横に開き、保育者の背中に体をぴったりくっつけてバランスをとるようにします。

ことばかけ
先生の背中にのってビューンと飛ぶよ!

保育者は子どもの手首をしっかりと握ります。

肩からゴロン

あそび方

❶保育者は膝を伸ばして座り、子どもは後ろに立ちます。子どもは保育者の片方の肩から両手を差し出します。

❷保育者は、子どもの頭とおしりを支えながら上半身を丸めるように曲げます。

❸子どもは前回りして、保育者の足の上に寝ます。

援助のコツ

保育者は片方の手で首のすぐ下を押さえ、もう片方の手でおしりの辺りを押さえると回しやすいです。

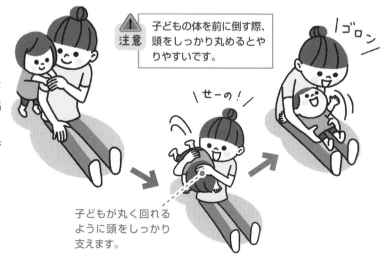

⚠注意 子どもの体を前に倒す際、頭をしっかり丸めるとやりやすいです。

\せーの!/

ゴロン

子どもが丸く回れるように頭をしっかり支えます。

ブラブラ〜タッチ

ことばかけ
手ブラブラ〜
次はどこかな？

ブラブラ〜　　　頭！

あそび方

❶子どもたちは立ったまま、手をブラブラします。
❷保育者の合図に合わせて、体の各部位を触ります（手ブラブラ〜頭→頭を触る／手ブラブラ〜おしり→おしりを触る　など）。

援助のコツ

体の場所がわからない子には、保育者が手本を見せてまねできるようにしましょう。慣れてきたら、手のブラブラを体の前だけでなく体の上や後ろで行います。

まねっこ閉じ開き

あそび方

❶子どもと保育者が向かい合って、足を閉じて座ります。
❷保育者の合図（足閉じる、ピッ！　足開く、パッ！）に合わせてポーズをとります。

ここがUP 耳から聞いた言葉をどういう動きか判断して、体の動きと関連づけられるようになります。

ことばかけ　足閉じる、ピッ！
足開く、パッ！

足閉じる、ピッ

足開く、パッ

見本の動きは少し大げさに動いてみましょう。

シーソーごっこ

ここがUP 前後に動くことで、おなかや背中、腰の筋肉の使い方を覚え、柔軟性も高まります。

あそび方

❶子どもと保育者は向かい合って、互いに足を開いた状態で座ります。
❷保育者の膝の内側に子どもの足の裏をつけます。
❸子どもの手首をつかみ「ぎったん ばっこん」と声をかけながら、子どもが起き上がるようにします。

注意 後ろに倒れるときは勢いがつきすぎて子どもが怖がっていないか、様子を見ながらあそびましょう。

足の裏を保育者の膝の内側につけると、安定します。

抱っこでストンッ！

あそび方
❶子どもと向かい合い、抱っこします。
❷「トン、トン」のリズムで軽く膝を曲げ揺らし、「ストンッ！」で膝をさらに曲げ、子どもを抱いたまま下げます。

援助のコツ
初めはゆっくり行い、慣れてきたら「トン、トーーーン、ストンッ！」のように速さやテンポを変えるとさらに楽しめます。

ことばかけ
ストンッと落ちるの楽しいよ。

たまごがパカッ！

あそび方
❶保育者は足を閉じて座り、その上に同じ向きで子どもを座らせます。わきの下で体を支えましょう。
❷「パカッ！　たまごが割れた！」と言いながら、閉じていた足を開き、子どもはマットに落ちた感覚を楽しみます。

援助のコツ
急に落とすのではなく、膝を上下に揺らして、動きに慣れてから行います。

用意するもの
• マット

子どもが急に立ち上がったり、バランスを崩したりすることもあるので、両わきはしっかり支えます。

輪っかでバランス歩き

あそび方
●ホースの輪を用意し、子どもは輪の間から顔を出すように持って歩きます。

用意するもの
• ホースの輪（作り方はP41）

ここがUP　何かを持ちながら歩くことで、体全体でバランスをとって歩けるようになります。

輪から顔を見せてごらん

輪から顔をのぞかせるとき、車のハンドルに見立てるとよいでしょう。

鉄棒トンネル

あそび方
●子どもが少しかがむぐらいの高さに、鉄棒を調整します。歩いて鉄棒のところまできたら、少しかがんで歩きましょう。

用意するもの
・鉄棒　・マット

ここがUP 歩きながら体を少しかがめるという2つの動作を、同時にするあそびです。

ことばかけ
おいで〜。鉄棒トンネルをくぐろう。

鉄棒がない場合はゴムひもなどで代用してもよいです。

ジェットコースター

あそび方
❶保育者2人で子どものわきの下とおしりをしっかり支え、下から上にゆっくり持ち上げます。
❷上まで持ち上げたら、保育者はしゃがみながらゆっくり下げましょう。

援助のコツ
高さを怖がる子もいるため、初めは上げる位置を保育者の顔の高さにして、徐々に腕を伸ばして高く持ち上げてみましょう。

注意 子どもの体勢が急に崩れる場合があるので、しっかり体を支えます。

ヒュー

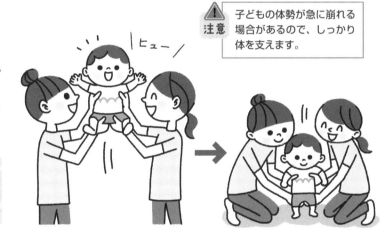

片足グラグラ

あそび方
❶保育者と子どもが向かい合って立ち、両手をつなぎます。
❷「ザップーン、波が来た。揺れるよ〜」と声をかけ、子どもと一緒に左足を上げて立ちます。
❸「今度は反対の波だ〜」と右足を上げて立ちます。片足立ちができるようになったら、10まで数えるなど達成感をアップさせましょう。

揺れるよー

ここがUP 片足ずつ交互に重心を移すため、転びにくくなるなど、左右のバランス感覚が養われます。

慣れてきたら、保育者は補助を両手から片手にします。

1歳児前半 ● 支える力

フープトンネルへようこそ

あそび方

❶保育者は、すずらんテープを何本か結んだフープを持ち、子どもが安心して通れるように反対側から声をかけます。

❷子どもは、ハイハイでトンネルをくぐります。慣れたら、フープを2、3本増やし、連続してくぐれるようにします。

用意するもの
・フープ（大）　・すずらんテープ

おいで　おいでー

怖がる子には、保育者が初めにフープをくぐって見せるとよいです。

⚠注意　くぐるときに、すずらんテープが顔や首に引っかからないように気をつけましょう。

まねっこハイハイ

あそび方

●「ワンワン」「ニャーニャー」など、子どもに身近な動物の鳴き声をまねしながら、ハイハイをします。

援助のコツ
歩きたがる子もいますが、あえてハイハイをすることで全身運動を身につけます。好きな動物になりきることで、楽しく取り組めるよう促しましょう。

ことばかけ
ワンワンって鳴く動物さん、だーれだ？

ワンワン

ワンワン

トンネル目指せ！

あそび方

❶子どもがハイハイで向かう先に、保育者は足を開いて立ちます。

❷トンネルをくぐるよう、ことばをかけて促します。

ここがUP　ハイハイを覚えた子どもがさらに動くように促すあそびです。保育者がパッとリズムよく足を開くと、ハイハイする子どもが喜んで近づいてきます。

さぁくぐってごらん

援助のコツ
慣れるまでは保育者の方から子どもに近づいていき、くぐる感覚を体験させるとよいでしょう。

子どもが通り抜けられる幅に、足を開きます。

パック山に上ろう!

あそび方

●牛乳パック（4個程度）をつなげて山を作ります。子どもは、その山を上り下りします。

用意するもの

・牛乳パック（新聞などを重しに入れて、テープでつないだもの）

援助のコツ
少しの段差でも、上り下りすることで全身運動につながります。パックによじ上り、後ろ向きで下りる練習から始めましょう。

箱が動かないように、保育者がしっかり支えます。

くぐろう! 牛乳パックトンネル

あそび方

●じゃばらにつないだ牛乳パックのトンネルを、開いたり閉じてたたんだりして、形を変えてくぐります。保育者はトンネルが倒れないよう、そばで支えましょう。

用意するもの

・牛乳パックを8個つなげたトンネル4〜6個（牛乳パックには新聞などを重しに入れて、強度を高める）

強度を増すために、牛乳パックの上から布を貼るのもおすすめ。

ことばかけ
トンネルが次々に現れるよ。中に入って遊ぼう。

くぐる向きは一方向に決めて、子ども同士がぶつからないようにします。

階段上り

あそび方

●階段を下から1段ずつ、腕の力を使ってハイハイの要領で上ります。

援助のコツ
上る気配がない子には、1、2段上に好きなおもちゃを置いたり、保育者が上から呼んだりして気を引きましょう。

ことばかけ
1、2、1、2。1段ずつよく見て上ろう。

1段、2段と少しずつ上る段を増やし、1番上まで上るよう保育者は子どもの後ろについて補助します。

その場でジャンプ

あそび方

❶保育者は両足を伸ばして座り、足の間に子どもを向かい合うようにして立たせます。

❷子どものわきの下に軽く手を添えて、ぴょんぴょんとその場で跳びます。

援助のコツ

子どもの体を軽く持ち上げながら、跳ねるよう促します。着地のときに強い力が加わらないように注意しましょう。

ジャンプ、ジャンプ上手だね

お互いに見つめ合いながら、笑顔でことばかけを行います。

丸の上をぴょんぴょん

あそび方

❶カラーマットをバラバラに並べます。

❷保育者は後ろから子どもの両わきを抱え、持ち上げながらジャンプして丸の中に入るようにします。

援助のコツ

子どもが自分でジャンプできたような感覚を味わえるように、ジャンプから着地のタイミングで「ぴょんぴょん」と声をかけるとよいでしょう。

用意するもの

・カラーマット（滑り止め付きマットを丸く切ったもの、またはフープでも可）10枚ぐらい

ことばかけ
ジャンプして丸をいくつ踏めるかな？

お山ぴょんぴょん

あそび方

●重ねた座布団の上にマットをかけて傾斜を作り、下から山に向かってジャンプで上ります。

援助のコツ

子どものジャンプ力に合わせてマットの傾斜を調整し、できるようになったら少しずつ角度をつけるようにしましょう。

用意するもの

・座布団またはクッション
・マット

両足をそろえるなど姿勢は気にせず、ジャンプする雰囲気を楽しみます。

ぴょんぴょんできるかなー？

まねしてぴょんぴょん

あそび方

❶子どもと立って手をつなぎ、まずは保育者がぴょんぴょんと2回ジャンプします。

❷子どもが保育者のまねをして2回ジャンプできるよう、ことばかけをして手を支えましょう。

援助のコツ

手をつないだままジャンプするのが難しい子は、正面からわきに手を入れて持ち上げ、ジャンプする感覚を体験させるとよいでしょう。

ことばかけ
先生のまねして、ジャンプできるかな?

マットの山から山へ

あそび方

❶マットを重ねて山を3つ作り、少し間隔をあけて並べます。

❷保育者に抱きかかえられた子どもは、ジャンプするように1つずつ踏んで渡ります。

援助のコツ

ジャンプする雰囲気を楽しめるよう、着地するときはしっかり子どもの両足がつくようにします。

用意するもの
・マットまたは布団(6〜9枚)

それっ

ことばかけ
マットの山を渡るよ。大きくジャンプするからね。

手つなぎジャーンプ

あそび方

❶子どもと向かい合って両手をつなぎます。

❷保育者は少し腰をかがめて「1、2、ジャーンプ!」と言いながら、子どもを持ち上げるようにして弾ませます。慣れてきたらジャンプの高さやリズムに変化をつけましょう。

援助のコツ

両手で支えながら、1、2回目は小さくジャンプ、3回目に大きくジャンプしてみましょう。ジャンプの大きさに合わせて声も大きくしていくと、子どもの期待も膨らみます。

1、2、ジャーンプ!

保育者の親指を子どもに握らせ、その上から包み込むように握りましょう。

⚠ 注意
必ず両手をつなぎます。高くジャンプする必要はありません。

すべり台逆さ上り

あそび方

❶すべり台の滑る側から、腕の力を使って上ります。
❷上まで上ることができたら、おしりで滑って下りましょう。

用意するもの
・すべり台
（室内用でも可）

ここが UP
普段は滑り下りるところを上ることで、楽しみながら腕の力が身につきます。公園などで行う場合は、滑り下りる子がいないか確認してから行います。

ことばかけ
ツルツル滑るよ。腕の力で上れるかな？

裸足だと上りやすくなります。

角度の急なすべり台や大型すべり台ではなく、乳児用の小さなすべり台で行います。

鉄棒ゆらりん

あそび方

❶子どもが両手で鉄棒を握ります。握ったことを確認したら、保育者は子どもを抱きかかえます。
❷子どもの背中とおしりを支え、ぶら下がりながらゆっくりと体を揺らします。

援助のコツ

子どもの体を両手で支え、恐怖感をなくしましょう。子どもが鉄棒を両手で握っていることを確認しながら行います。

用意するもの
・鉄棒 ・マット

注意
初めは手を離しやすいので、鉄棒の下にはマットを敷きましょう。

ゆーら ゆーら ゆらりん

怖がる子どもには、頭より体が低くならないように注意します。

波乗りワニさん

あそび方

❶保育者は足を開いて座り、足の間に子どもはうつぶせになります。子どもは腕を伸ばして保育者と手をつなぎます。
❷保育者は手の位置を固定し、子どもが腕を曲げて前に進むよう促します。

注意 子どもはまだ腕や肩の関節が弱いので、保育者は腕を引っ張らないようにしましょう。

ことばかけ
ワニさんが波の上をスーイスイって渡るよ。

保育者はひじを直角に曲げ、手の位置は固定します。

初めの姿勢

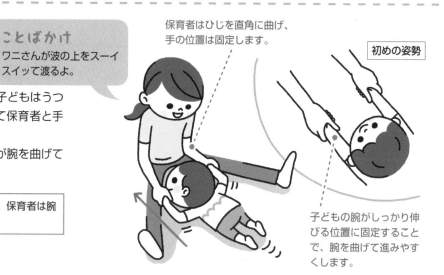

子どもの腕がしっかり伸びる位置に固定することで、腕を曲げて進みやすくします。

流れで楽しい！ あそびの組み合わせ

柔軟性 ✿

1 ゆらゆらどんぶらこ

あそび方

❶保育者のおなかと子どもの背中をくっつけ、保育者はあお向けに寝ます。

❷子どもは足の裏を合わせ、保育者は子どもの左右の足首を持ち、横にゆらゆらと揺れます。

用意するもの

・マット

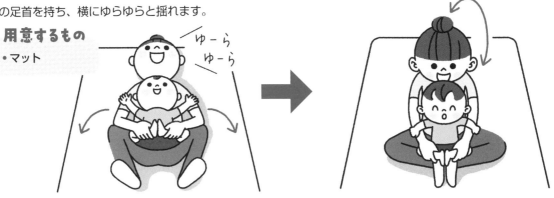

ゆ〜ら ゆ〜ら

援助のコツ

子どもの股関節がかたい場合は、無理に足の裏を合わせないようにしましょう。

2 どんぶらこざっぷん

あそび方

●左の「ゆらゆらどんぶらこ」❷の姿勢のまま前に起き上がり、そこからまたゆっくり後ろに倒れます。

援助のコツ

縦にゆらゆら揺れてから起き上がります。再度寝るときに、保育者は床に頭を打たないよう、勢いを調整しましょう。

バランス力 ●

1 小さなブランコ

あそび方

❶保育者は両手を組み、腕の中で子どもを後ろから抱きかかえ、子どものおしりが入るようにします。

❷「ゆ〜らゆ〜ら」と声をかけながら、子どもを左右に揺らします。

援助のコツ

初めはゆったりした気持ちでやさしく揺らしましょう。

ゆ〜ら ゆ〜ら

子どものおしりを保育者の腕の中にすっぽり入れます。

2 大きなブランコ

あそび方

❶左の「小さなブランコ」に慣れたら、子どもの両わきを抱えて、少しダイナミックに揺らしましょう。

援助のコツ

揺れを大きくしたり、小さくしたり強弱をつけて揺らしましょう。揺らすのを途中でピタッと止めても楽しいです。

ゆ〜ら〜 ゆ〜ら〜

キャッ

バランス力 ●

1 風船マットでゴー！

あそび方
●風船マットの上に座って乗り、保育者がゆっくり引っ張ります。

用意するもの
・風船マット（シングル布団用圧縮袋に風船を入れ、空気を抜いたもの）

ことばかけ
風船マットが動くよ。しっかりつかまって！

バランスを崩して後ろに転ばないよう、子どもがしっかり乗れているかを確認しながら進みます。

2 風船マットでコロコロ

あそび方
●風船マットの上に寝て、端からコロコロと転がります。

ことばかけ
転がると、ふわふわしていて気持ちいいよ。

援助のコツ
スムーズに転がれない子には保育者が体勢を安定させて補助しましょう。

支える力 ●

1 体のまわりを大冒険

あそび方
❶保育者が床に大の字に手足を広げ、あお向けになります。
❷子どもは保育者の腕や足をまたいで体のまわりを回ります。

援助のコツ
保育者のまわりを回って楽しむ体験とともに、手足をまたぐ運動効果も期待できます。

足を引っかけてつまずかないように注意します。

2 クマさんで大冒険

あそび方
●左の「体のまわりを大冒険」の姿勢のまま、子どもはクマさん歩きで体のまわりを回ります。

ことばかけ 先生の手や足の上をクマさんで越えてみよう！

1 ちゃぽちゃぽウォーターマット

あそび方
●ウォーターマットの上を子どもが歩きます。バランスを崩したときにすぐ支えられるよう、保育者はそばで見守ります。

用意するもの
・ウォーターマット（圧縮袋に水や水で膨らむビーズを入れたもの）

水は感触がわかる程度の少ない量にします。破れたり、空気が入ったりしないように、口をテープでしっかり留めましょう。

2 ウォーターマットでジャンプ

あそび方
●ウォーターマットの上をジャンプします。中に入れた水や、水で膨らんだビーズをめがけて跳ぶと楽しいです。

ことばかけ
ジャンプするとタプンと揺れて気持ちいいよ。

子どもが着地のときにバランスを崩して転ばないよう、保育者はすぐそばで見守りましょう。

跳ねる力★

引きつける力▲

1歳児前半　あそびの組み合わせ

1 棒を持って1、2

あそび方
❶ぶら下がり棒の左右を保育者が支え、子どもが持って立てる高さにします。
❷子どもは棒を両手で持ったまま、前に歩きます。

用意するもの
・ぶら下がり棒（ラップの芯にビニールテープを巻いたもの）
・マット

子どもが急に手を放しても危なくない高さに設定しましょう。

2 グーンと持ち上げて

あそび方
❶マットの上で棒の左右を保育者が支えます。
❷子どもが両手でしっかり棒を握ったことを確認してから、ゆっくり棒を持ち上げます。

⚠注意
棒を離してもケガをしないよう、マットの上で行いましょう。

73

1歳児後半

小走り・跳ぶ

歩行が安定してきて、少しずつ小走りもできるようになります。ボールを転がす、低い段差から跳び下りるなど、環境づくりを整えることで体を動かす楽しさをますます感じられる時期です。

1歳児後半　柔軟性

アザラシ

あそび方
●うつぶせになり、手をついてひじを伸ばし、上半身を起こします。

援助のコツ
顔が下を向いていると、腕を伸ばしづらいので、あごを開いて少し上を向けるように声をかけましょう。

> **ことばかけ**
> アザラシさんは腕をしっかり伸ばしてるよ。

足の指まで届くかな?

あそび方
●保育者は足を伸ばして座り、足の指先を手でつかみます。子どもにもまねするよう促します。

援助のコツ
足の指に手が届かないときは、膝を曲げるところから始めましょう。「山はないよ。まっすぐな道だよ」などと声かけをして、少しずつ膝を伸ばすようにします。

膝を曲げたり、足を広げたり、バリエーションをつけると飽きずに楽しめます。

飛行機に変身

あそび方

❶子どもはうつぶせになり、手をグーにします。

❷両腕、両足を伸ばし「ビューン」と言いながら、床から両腕、両足を浮かせましょう。初めは保育者がポーズを見せながら一緒に行うとよいでしょう。

援助のコツ

両腕を出すタイミングで顔を上げると、姿勢がとりやすくなります。腕が上がらない子には支えましょう。

ことばかけ
飛行機になるよ。ビューンで腕を前に出そう。

膝から下を立てるようにして曲げます。

カメに変身

あそび方

●うつぶせに寝て、右手で右足首、左手で左足首を持ち、体を反らします。子どもがまねできるよう、ことばかけをして促します。

援助のコツ

うまく足首を持てない子には、保育者が体を支えて持てるように補助します。

ことばかけ
カメさんになるよ。

いろいろなあいさつ

あそび方

❶両足を少し開いて立ちます。

❷保育者と一緒に「こんにちは」と言い、体を前へ倒し、床に手をつけます。「おはようございます」「こんばんは」など、いろいろなあいさつをしながら体を前に倒しましょう。

ことばかけ
元気にあいさつできるかな？こんにちは！

バランスを崩して、子どもが前に転ばないよう注意しましょう。勢いよく倒しすぎないようにします。

1歳児後半 バランス力

お膝の上で手つなぎ

あそび方

❶保育者と子どもは向かい合います。保育者はお山座りします。
❷保育者は子どもを持ち上げて、膝の上に立たせて両手をつなぎます。

援助のコツ

最初は保育者の腕を曲げてつなぎます。慣れてきたら徐々に伸ばしていきます。

ことばかけ
先生のお膝の上、ちょっとグラグラするね。

子どもの手をしっかり握ります。

合図でストップ！

あそび方

❶子どもと保育者が向かい合って立ち、手をつなぎます。
❷手をつないだまま、子どもは前へ、保育者は後ろへ進みます。
❸保育者の「ストップ！」の合図で止まります。

ここがUP 合図に合わせて止めることで、まわりに合わせて自分の体をコントロールする力がつきます。

注意
床に足を引っかけるようなものがないか確認してからあそびましょう。

しこを踏もう

あそび方

❶子どもは両足を開いて膝を軽く曲げて立ち、膝に手をのせます。
❷片足ずつ上げて、すもうのしこを踏む動きをします。子どもがバランスを崩しそうなときは、保育者は後ろから体を支えましょう。

援助のコツ

「よいしょ」など声をかけながらしこを踏むと、力が入りやすくなります。バランス感覚を養うため、慣れるまではゆっくり上げましょう。

ことばかけ
おすもうさんのポーズ、見たことある？

のって下りて

あそび方

❶マットの上に跳び箱の1段目を置きます。
❷子どもは跳び箱の上にのり、マットに向かって下ります。これを繰り返します。

用意するもの
• 跳び箱の1段目
• マット

ここがUP 小さな段差で「上って下りる」感覚に慣れるあそびです。まずはやわらかい跳び箱の1段目を裸足で歩き、バランス感覚を養います。

ことばかけ
上手に上れるかな？
次は下りるよ〜。

保育者はマットがずれないよう注意を払いながら、そばで見守ります。

飛行機でバランス

あそび方

❶保育者の腰に子どもの両足を挟みます。保育者は両手で子どもの胸を支え、子どもの胸が開くように抱えます。
❷保育者は子どもの体をしっかりと支えながら、上下左右に動かします。

ここがUP いつもと違う視界が楽しめるよう、いろいろな方向へ体を動かします。体を反らすことは、自分でバランスをとると共に、体を支える力を育てます。

/びゅーん！/

怖がる場合は、子どもの両足の間から片方の腕を入れ、横抱きにすると、胸でしっかり支えられます。

ペットボトル平均台

あそび方

●ペットボトル平均台の上を歩きます。途中に柔らかいペットボトルを入れると、歩いたときに感触が変わって楽しいです。

援助のコツ
ペットボトルの硬さで歩き心地が変化するので、素材を選んで作りましょう。

用意するもの
• ペットボトル平均台（空のペットボトル500mlを10〜20本交互にテープでつなぐ）

ことばかけ
途中でペコッと音が鳴るよ。どこかな？

グラグラしないようにテープでしっかり留めます。

1歳児後半 ● 支える力

つみきにのって出発！

用意するもの
・大型つみき（のれる高さのもの）

ことばかけ
両手を前についたら、おしりもポン！と近づけるよ。

あそび方

❶大型つみきを並べます。子どもはつみきの上にまたがり、両手を開いて手を前につきます。
❷保育者は「おしりもポン！」と言い、子どもは手におしりを近づけるように前に進みます。

援助のコツ

慣れてきたら、少しずつつみきの数を増やして長い距離を進めるようにします。

両手を開くことで手の力がしっかりと伝わります。

またいでくぐって

あそび方

❶保育者はうつぶせになり、その上を子どもがまたいだり、手足を使って乗り越えたりします。
❷保育者はうつぶせの姿勢からおしりを高く持ち上げ、山を作ります。子どもはその下をくぐり抜けます。

ここがUP 2つの動作を行うあそびです。保育者と息を合わせながらゆっくり行いましょう。

くぐるときは、あごを上げて前を見ます。

クマさん歩き

あそび方

●子どもは床に両手をつき、ハイハイの姿勢になります。膝を伸ばして、クマさんのように歩きます。

援助のコツ

歩ける子にもあえて腕の力をつけるために行います。保育者が手本を見せながら、腕と膝を伸ばして歩きましょう。

⚠注意 膝を浮かせるため、前のめりにならないよう顔を上げてバランスをとりましょう。

ことばかけ
のっし、のっし。クマさんが来たよ！

しっかり顔をあげてバランスをとります。

手のひらを開いて、しっかり床につけましょう。

78

クマさんにタッチ

あそび方

●子どもはクマさん歩きをして保育者の持つクマの
パペットのところまで行き、タッチします。

用意するもの
・クマのパペット

援助のコツ

クマさん歩きは、子どもがまねできるよう、まずは保育者
が手本を見せてから行います。

ことばかけ
クマさんにタッチ
しにおいで〜。

お山トンネル

あそび方

❶保育者はハイハイの姿勢になり、トンネルを作り
ます。
❷子どもは保育者のトンネルの間を、ハイハイで進
みます。慣れてきたら、保育者はひじを曲げてハイ
ハイを低くしていきます。

援助のコツ

保育者のトンネルをスムーズにくぐれるようになったら、体
を少し下げて、低いトンネルにすると難易度が上がります。

ことばかけ
だんだん低くなるか
ら、頭を下げようね。

トンネルにらめっこ

あそび方

❶子どもと保育者が背中合わせになり、肩幅ぐらい
に足を開いて立ちます。
❷「にらめっこしましょ」と言いながら両手を前につ
き、「アップップ」で足の間からのぞき込んでにらめっ
こします。

援助のコツ

両手をつく位置は、足のそばではなく離したほうが姿勢の
安定につながります。

注意
勢いよく頭を下げ
ると床に頭を打つ
のでゆっくりと。

アップップ

ジャンプ台から挑戦

あそび方
●牛乳パック（5個前後）で作った踏み台の上から両足をそろえて跳び下ります。

用意するもの
・牛乳パック（新聞などを重しに入れてテープでつないだもの）・マット

援助のコツ
保育者はそばで見守り、最初は手をつないでジャンプから始めましょう。両足を揃えて下りることを目指します。

ことばかけ
「ピョン」で台からジャンプしてみよう。

動物だーれだ？

あそび方
❶床にいろいろな動物の絵カードを置きます。
❷保育者が「○○だよ」と動物のカードを見せます。
❸子どもは同じ絵カードのところまでジャンプで行って触ります。

用意するもの
・カード（いろいろな動物の絵を描いたものを2枚ずつ）

援助のコツ
ジャンプは、ゲーム性があると楽しく取り組めます。クマのカードならクマさん歩きで取りに行くなど、探す動物の動きをまねしても楽しいです。

ことばかけ
この動物さんはどこにいるかな？

輪つなぎジャンプ

あそび方
●フープを一列に並べて1つずつジャンプで進みます。まだジャンプができない場合は、保育者が両わきに手を入れて持ち上げ、ジャンプしている雰囲気を味わえるようにしましょう。

用意するもの
・フープ（5個ぐらい）

援助のコツ
うまくジャンプできなくても、保育者が抱きかかえてフープの中をジャンプさせることで、子どももイメージがわいて挑戦しやすくなります。

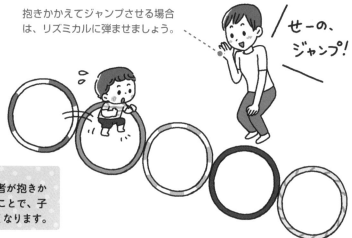

抱きかかえてジャンプさせる場合は、リズミカルに弾ませましょう。

せーの、ジャンプ！

1歳児後半 引きつける力

輪っかで引っ張れ

ここがUP ホースで作った輪を使うと握りやすいため、自然と握力がつきます。

あそび方
❶子どもは床に座り、ホースの輪を順手で握ります。
❷保育者が輪の反対側を持ち、そのままゆっくり引っ張ります。子どもはおしりで滑ります。

用意するもの
・ホースの輪
（作り方はP41）

⚠注意 保育者は急に引っ張らないよう、子どもの様子を見ながら力を加減しましょう。スピードを出しすぎると、ひっくり返るので気をつけます。

おサルさんごっこ

あそび方
❶保育者は片膝を立てて片方の腕を前に伸ばします。
❷子どもは保育者の足の上に立ち、伸ばした腕にしっかりとしがみつきます。
❸しがみついたまま、保育者の腕の下をくぐって顔を出したり、引っ込めたりします。

保育者は必ずあいているほうの手で、子どもが落ちないように支えましょう。

ことばかけ おサルさんは木登りが得意なんだよ。

援助のコツ 腕をくぐるのが怖いときは、ゆっくりと腕を揺らすだけにしましょう。「アイアイ」の曲に合わせて揺らすと、サビの部分のリズムの変化に盛り上がります。

ゆらゆらブランコ

あそび方
❶保育者はしゃがんで真横に片腕を伸ばし、その腕に子どもがつかまります。
❷保育者はゆっくりと立ち上がり、子どもをぶら下げたまま、前後に静かに揺らします。

用意するもの
・マット

援助のコツ 立ち上がる前に必ず子どもがしっかり腕につかまっているか確認します。

子どもの下にはマットを置きます。

子どもの手を上から押さえてもよいでしょう。

ことばかけ 大好きなブランコがゆらゆら揺れるよ。

1歳児後半 引きつける力

柔軟性

1 手足ブラブラ

あそび方
●あお向けに寝て手足を上にあげ、ブラブラ〜と小刻みに揺らします。

援助のコツ
手と足を大きく動かすことができるよう、保育者が手本を見せて伝えましょう。

2 グーパー、グーパー

あそび方
●左の「手足ブラブラ」の姿勢のまま、「グー」でひじと膝を曲げ体を小さくし、「パー」でひじと膝を伸ばし、手足を広げます。慣れてきたら、グーパーの動きに合わせて手もグーパーします。

援助のコツ
子どもと一緒に「グーパー」と元気に声を合わせながら、グーパーの速さを変化させて楽しみましょう。

バランス力

1 ロケット打ち上げ

あそび方
❶保育者は子どもと向かい合ってしゃがみ、子どもの体をロケットに見立てて、「点検」と称して指で子どもの胸やおなかを軽くつきます。
❷「エネルギー注入！」と抱きしめたら、子どものわきに手を入れて「3、2、1、発射！」と高く抱き上げます。

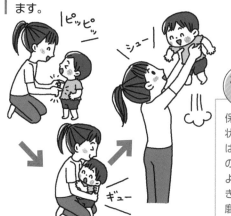

ここがUP
保育者がしゃがんだ状態から高く腕を伸ばすことで、ふつうの"たかいたかい"よりも高低差がつき、スピード感覚が磨かれます。

2 飛び出せロケット

あそび方
❶保育者はわきを支えながら、子どもを向かい合わせで抱っこします。
❷「3、2、1…」で子どもを高く持ち上げ、「発射！」で、少しだけ手を離して宙に浮かせ、キャッチします。

大きく放り投げず、手を離すのはほんの一瞬にとどめましょう。

バランス力 ●

1 ゆらゆらおふね

あそび方
❶あお向けになり、おなかに子どもをのせます。
❷腰を浮かせたら、左右にゆらゆら揺らします。

ことばかけ
おふねがゆらゆら〜。なんだか眠くなっちゃうね。

2 おふねが出航！

あそび方
●保育者は、左の「ゆらゆらおふね」の姿勢のまま、前や後ろに歩きます。

⚠ **注意** 子どもが動いたり、バランスを崩したりしたときにすぐ支えられるよう、おなかの上にのる子どもから目を離さないようにします。

支える力 ⬡

1 マットの間、通り抜け

あそび方
●2枚のマットを立てて並べ、その間をハイハイで進みます。

用意するもの
・折りたたみマット（2枚）

子どもの体がマットに当たって倒れることがあるので、下敷きにならないようしっかり見守ります。

2 三角のマットトンネル

あそび方
●折りたたみマットを山になるように折って、トンネルを作ります。ハイハイでくぐります。

ことばかけ
トンネルが崩れないよう、低い姿勢でハイハイしよう。

マットが倒れないように支えます。

83

跳ねる力 ★

1 どの色にお引っ越し？

あそび方

●4色のマットを並べます。保育者が「緑！」など色を伝えたら、中央にいる子どもたちは急いでその色のマットを目指します。

用意するもの
・色の違うマット（4枚）

あそびの前に色の確認をしておくと、スムーズに進められます。

ことばかけ
緑色のマットまでよーいドン！

2 ウサギさんのお引っ越し

あそび方

●左の「どの色にお引っ越し？」をウサギジャンプで行います。

⚠️ **注意** ウサギジャンプで着地したときにマットが動かないよう、しっかりと耳を入れるか、保育者が支えましょう。

1 フープでジャンプ

あそび方

●保育者と子どもでフープを反対側からそれぞれ持ちます。子どもはその場でジャンプします。

用意するもの
・フープ

ジャンプが不安定なときは、もう一人の保育者が子どものわきを支えながらジャンプします。

2 フープでグーパージャンプ

あそび方

❶左の「フープでジャンプ」の姿勢のまま、まず保育者が「せーの、グー！」と言いながら両足をそろえます。子どもも保育者のまねをするよう促します。
❷「今度はパー！」と保育者が言いながら、軽くジャンプして両足を広げます。子どももまねするよう促します。

せーの、グー！　→　今度はパー！

援助のコツ

初めはフープなしでグーパージャンプをします。そのとき、子どもも一緒に「グーパー」と言いながらジャンプするとタイミングがつかみやすくなります。

1 こっちへおいで

あそび方

❶子どもは座って、ひもを手元で握り、パフリングを遠くへ投げます。

❷保育者は子どもと一緒に「こっちにおいで」と言いながらひもをたぐりよせます。できるようであれば、子どもだけで引っ張ります。

用意するもの

• ひもをつけたパフリング（輪でも代用可）
• ひもをつけた水入りペットボトル

こっちにおいで

援助のコツ

子どもは1人でできるようになると嬉しくなるもの。保育者が「コツをつかんだかな」と感じたら、子どもだけで行うようにしましょう。

2 引っ張れ！ 1、2!

あそび方

❶子どもはひもを引っ張りやすい姿勢（立っても座っても可）になります。

❷保育者はひもをつけた水入りペットボトルを離れた所へ置き（ひもは子どものそばに置く）、子どもは「1、2！」とひもをたぐりよせます。

ことばかけ
1、2！ ○○ちゃんのところまであと少し！

1 鉄棒ブランコ

あそび方

❶保育者は子どもを抱き上げ、鉄棒を握るのを確認したら、子どもの腰（おしりのあたり）を支えます。

❷保育者は前後に子どもを揺らします。慣れてきたら大きい揺れにしたり、揺れを止めたりすると楽しいです。

用意するもの

• 鉄棒 • マット

⚠ 注意
子どもの手首や関節が未発達の状態なら、無理してぶら下がらせないように。

2 鉄棒ぶらりん

あそび方

❶子どもが手を伸ばせば届く程度に鉄棒の高さを調節し、足がついた状態で鉄棒をしっかり握らせます。

❷足を浮かせてぶら下がります。

ことばかけ
ぶらーん、ぶらーん。足が浮いてて楽しいね。

1歳児の運動あそび 年間指導計画

1歳児は体の発達により、できることがどんどん増えていきます。保育者や友達との関わりも増やしながら、できた達成感や満足感が、「もっと体を動かしたい」意欲へとつながるような計画を立てましょう。

年間目標

- 保育者と一緒に、全身を使ったあそびをして、自ら体を動かす。

保育者の配慮

- 保育者が楽しんでいる姿を見て、子どもも一緒になって体を動かすので、まずは保育者が楽しんで行う。

- できたときにはその場でたくさん認めて、挑戦する気持ちや自信につなげていく。

- 無理強いはせず、楽しみながらいろいろな運動あそびが経験できるようにする。

- 子どもの成長に合わせて環境を工夫する。

月 ／ 内容 ＼ ねらい	4月	5月
ねらい	● 体を動かすことに親しみをもつ。	● 体を動かすことを楽しむ。 ● 運動あそびに興味をもつ。
体の柔軟性	● ゆらゆらどんぶらこ →P71	● ビューンと飛ぼう →P62
体のバランス力	● お膝の上で手つなぎ →P76	● のって下りて →P77
体を支える力	● まねっこハイハイ →P66	● トンネル目指せ！ →P66
体で跳ねる力		● その場でジャンプ →P68 —
体を引きつける力	● 棒を持って1、2 →P73	● すべり台逆さ登り →P70

月 ／ 内容 ＼ ねらい	10月	11月
ねらい	● 体を思い切り動かす。 ● さまざまな運動あそびを保育者や友達と一緒に行う。	● 体を思い切り動かす。 ● さまざまな運動あそびを異年齢の友達と触れ合い楽しむ。
体の柔軟性	● まねっこ閉じ開き →P63 ● 手足ブラブラ →P82 ● アザラシ →P74 ● 足の指まで届くかな？ →P74 ● カメに変身 →P75	● まねっこ閉じ開き →P63 ● 手足ブラブラ →P82 ● アザラシ →P74 ● 足の指まで届くかな？ →P74 ● カメに変身 →P75 ● 肩からゴロン →P62
体のバランス力	● 鉄棒トンネル →P65 ● 合図でストップ！ →P76	● 片足グラグラ →P65 ● 風船マットでコロコロ →P72
体を支える力	● クマさんにタッチ →P79	● つみきにのって出発！ →P78
体で跳ねる力	● お山ぴょんぴょん →P68	● 丸の上をぴょんぴょん →P68
体を引きつける力	● ゆらゆらブランコ →P81	● おサルさんごっこ →P81

立案のポイント

- ●体を動かす楽しさを感じながらあそべるよう、段階を意識したあそびの計画を立てる。
- ●少しずつ自分の体をコントロールしながら動かせるように、日常的にあそびに取り入れる。
- ●子どものやってみたい！ 意欲を見逃さず、できた喜びをたくさん経験できるようにする。

6月	7月	8月	9月
●保育者の動きをまねしてやってみようとする。	●保育者や友達の動きをまねしてやってみようとする。	●保育者の補助で安心して運動用具を使ってあそぶ。	●体を思い切り動かしさまざまな運動あそびを行う。
●まねっこ閉じ開き →P63	●まねっこ閉じ開き →P63 ●手足ブラブラ →P82	●まねっこ閉じ開き →P63 ●手足ブラブラ →P82 ●アザラシ →P74	●まねっこ閉じ開き →P63 ●手足ブラブラ →P82 ●アザラシ →P74 ●足の指まで届くかな？ →P74
●たまごがパカッ！ →P64	●抱っこでストンッ！ →P64	●ペットボトル平均台 →P77	●輪っかでバランス歩き →P64 ●小さなブランコ →P71
●くぐろう！ 牛乳パックトンネル →P67	●階段上り →P67	●パック山に登ろう！ →P67	●クマさん歩き →P78
→	●手つなぎジャーンプ →P69	●動物だーれだ？ →P80	●ジャンプ台から挑戦 →P80
●ぞうさん →P53	●こっちへおいで →P85	●波乗りワニさん →P70	●鉄棒ゆらりん →P70

12月	1月	2月	3月
●バランスを取りながら運動あそびを楽しむ。	●運動あそびの楽しさを味わいながら意欲的に取り組む。	●簡単な動きのポイントを理解する。	●異年齢児と運動あそびを見たり行ったり一緒に楽しむ。 ●ルールのあるあそびを楽しむ。
●まねっこ閉じ開き →P63 ●手足ブラブラ →P82 ●アザラシ →P74 ●足の指まで届くかな？ →P74 ●カメに変身 →P75 ●シーソーごっこ →P63	●まねっこ閉じ開き →P63 ●手足ブラブラ →P82 ●アザラシ →P74 ●足の指まで届くかな？ →P74 ●カメに変身 →P75 ●飛行機に変身 →P75	●まねっこ閉じ開き →P63 ●手足ブラブラ →P82 ●アザラシ →P74 ●足の指まで届くかな？ →P74 ●カメに変身 →P75	●まねっこ閉じ開き →P63 ●手足ブラブラ →P82 ●アザラシ →P74 ●足の指まで届くかな？ →P74 ●カメに変身 →P75
●風船マットでコロコロ →P72 ●しこを踏もう →P76	●飛行機でバランス →P77	●ジェットコースター →P65	●ロケット打ち上げ →P82
●またいでくぐって →P78	●体のまわりを大冒険 →P72	●お山トンネル →P79 →	
●輪つなぎジャンプ →P80	●フープでジャンプ →P84	●ウサギさんのお引っ越し →P84	●フープでグーパージャンプ →P84
●輪っかで引っ張れ →P81	●グーンと持ち上げて →P73	●鉄棒ブランコ →P85	●鉄棒ぶらりん →P85

1歳児の運動あそび
指導案

保育者と関わるなかで体の運動機能が育まれ、自分でできることが少しずつ増えていきます。補助を少しずつ減らして1人で動かせるよう促す、できたらたくさん認めるといったことを大切にしましょう。

事例❶（30分）

ねらい
- 保育者と一緒に体を動かすことを楽しむ。
- 自分で体を動かすことを楽しみながらあそぶ。

時刻		あそび名	援助・注意点
9：30	準備体操	• 片足グラグラ →P65 • まねっこ閉じ開き →P63 • アザラシ →P74	• 少しずつ補助を両手から片手にする。 • 保育者の見本は大げさに動いて見せる。 • あごを上げて少し上を向かせる。
	保育者と	• 飛行機でバランス →P77 • 抱っこでストンッ！ →P64	• 子どもの胸が開くように、体を支えて動かす。 • リズムや落ちる感覚をことばにして楽しみ、慣れてきたらテンポを速めていく。
9：45	子ども自身で	• ウサギさんのお引っ越し →P84 • クマさんにタッチ →P79	• 着地したときにマットが動かないよう支える。 • クマさん歩きの手本を保育者が見せてまねするように促す。
9：50	サーキット	• グーンと持ち上げて →P73 → 鉄棒トンネル →P65 → 引っ張れ！ 1、2！ →P85 → 輪つなぎジャンプ →P80 →マットの山から山へ →P69 →ペットボトル平均台 →P77	• 子どもが棒を握ったことを確認してから持ち上げる。 • 子どもが少しかがむ高さに鉄棒を調整する。 • 「1、2」をことばかけることで、引っ張りやすくする。 • ジャンプできないときは、子どもを抱きかかえてジャンプのイメージを体験させる。 • ジャンプで着地するときは子どもの両足をつける。 • ペットボトルの素材を変えて、足の裏の感触の違いを楽しむ。

事例❷（30分）

ねらい
・友達や保育者と一緒に体を動かすことを楽しむ。
・さまざまな運動器具を使ってあそぶ。

時刻		あそび名	援助・注意点
9：30	準備体操	・ブラブラ〜タッチ →P63 ・足の指まで届くかな？ →P74 ・カメに変身 →P75	●タッチする体の場所は保育者が手本を見せる。 ●膝を曲げたり、足を広げたり飽きずに楽しめる工夫をする。 ●足首を持てない子には、保育者が体を支えて補助する。
	保育者と	・肩からゴロン →P62 ・ゆらゆらおふね →P83	●子どもが丸く回れるように頭をしっかり支える。 ●おなかの上にいる子どもから目を離さない。
9：45	子ども自身で	・お山ぴょんぴょん →P68	●子どものジャンプ力に合わせてマットの傾斜を調整する。
9：50	サーキット	・のって下りて →P77 →丸の上をぴょんぴょん →P68 →ジャンプ台から挑戦 →P80 →鉄棒ブランコ →P85 →引っ張れ！ 1、2！ →P85 →つみきにのって出発！ →P78	●マットがずれないようにすぐそばで見守る。 ●ジャンプした感覚を味わえるよう、着地の瞬間にことばかけをする。 ●両足を揃えてジャンプすることをめざす。 ●手首や関節が未発達なので無理をさせない。 ●1人で難しいときは、子どもと一緒に引っ張る。 ●両手はしっかり開いて前につく。

89

2歳児の 運動あそび

両足ジャンプといった大きな動きから、本をめくるなどの細かな動きまで身についてきます。なんでも「自分で」したくなる時期なので、あそびを通して、自分から体を動かすことが好きになる環境づくりをしましょう。

2歳児の運動機能

跳ぶ、上る、下りる… と体を自由に動かすなかで、方向や速度の調整など細かな動きもできるように。楽しみながら、幼児期に向けた基本的な運動機能を身につけましょう。

●速く、思い切り走れるようになる。
●スキップができるようになる。
●でんぐり返しができる。
●逆上がりに挑戦する。
●ジャングルジムの高いところまで上る。

4歳

●全身のバランス力が身につく。
●方向や速い、遅いなど速度を調整しながら動き回る。
●横歩きやつま先立ちなどができる。
●ケンパができるようになる。
●固定遊具で積極的にあそぶ。

3歳

2歳6か月

●後ろ向きに歩く。
●つま先歩き、かかと歩きができる。
●ボールを1回ついて取る。
●三輪車のペダルをこぐ。
●走りながら方向転換するなど、2つのことが同時にできるようになる。
●平均台を渡ることができる。

2歳

●歩行が完成し、動き回る。
●転ばすに走れる。
●両足でジャンプする。
●階段を上り下りできる。
●本をめくる、丸を描くなど細かな動きができる。

運動あそびを楽しく進めるには

Point 1
あそびを通して、友達の存在や並ぶ、順番を待つ、といったルールや決まりを伝えましょう。

Point 2
利き手・利き足でないほうも意識することで、左右のバランス感覚を育みます。

\せーの！/

Point 3
後ろ向き歩きや逆さ感覚など、非日常的な動きをあそびで経験することが大切です。

Point 4
保育者がよい例・悪い例をしっかり見せて、視覚に訴えかけましょう。

Point 5
「簡単→難しい」と段階を踏んで取り組み、子どもの適応能力を引き出します。

援助のポイントと注意点

メリハリをつける工夫を

同じ運動を繰り返すのでは、子どもは飽きて、集中力が途切れてしまいます。子どもの習熟度や興味に合わせて、保育者の話を聞く時間、保育者の手本を見る時間、あそぶ時間とメリハリをつける工夫をしましょう。

逆さ感覚を身につける鉄棒運動

ぶら下がる、跳びつく、回転するなど、さまざまな動きを使う鉄棒。子どもが逆さになった状態で補助する場合、保育者は子どもの頭が体より下になるように支えると、力が入りやすくなります。

2歳児の環境づくり

毎日の園生活に取り入れることで、自然と体を動かし、運動する楽しさを実感できるひと工夫をご紹介します。

❀ ヘビさんを飛び越えて！

筒状に丸めたエアーパッキングをカラーポリ袋で包んだヘビさん。間隔をあけて何匹か並べると、子どもたちは跳んだり、またいだりする動きを楽しむように。

❀ 共有スペースに平均台

玄関ホールなどの共有スペースに平均台を設置。散歩に出かける前後など、ちょっとした時間に歩くうちに、自然とバランス感覚が養われていきます。

❀ 投げて、集めて新聞紙ボール

新聞紙を丸めて布ガムテープを巻いたボールを手に取りやすい場所に置きます。カゴやマットに向かって投げたり転がしたり。カラフルに仕上げて色あそびも◎。

❀ いつでもあそべるマットの山

マットを一列に並べるだけでなく、マットの下に丸めたマットを入れます。ハイハイしたり、歩いたり、子どもがのってあそびたくなるようなくねくねマットの山を用意しましょう。

❀ 逆さにしたボウルの上を渡って

床の上に、底をへこませたボウルを逆さにして並べます。間隔をあけずに並べると、その上を歩く子どもの姿はまるで忍者のよう。足の裏でつかむ力とバランス感覚を養います。

2列にするなど、並べ方も自由自在。

足の指をグーパー

あそび方

❶保育者と子どもは足を伸ばして座ります。「グー」と言いながら、足の指をぎゅっと縮めます。
❷「パー」と言いながら足のかかとをつけて指先を広げます。

援助のコツ

子どもは両手を床につき、安定感を保ちながら行います。慣れてきたら、「グー」「パー」のテンポを徐々に速くします。

ことばかけ 足の指を「グー」でぎゅっと曲げて「パー」で思いきり開くよ。

グー
グー！
パー
パー！

背中をぐいーん

あそび方

❶子どもはうつぶせになり、保育者が子どもの足首に軽く座ります。
❷両手をつなぎ、保育者が少しずつ手を引っ張り、子どもは上体を反らします。

援助のコツ

子どものおしりが上がらないようにして行います。

⚠ 注意 いきなり強くせず、子どもの様子を見ながら少しずつ引っ張ります。

ぐいーん

あごを上げます。

エビに変身！

あそび方

❶保育者と子どもはひじを伸ばして手をつきます。
❷頭を反らして、頭に足先をつけます。手をつく位置を体に近づけるとやりやすくなります。

援助のコツ

足先までの距離がわかりにくいため、保育者は足先に髪の毛を触れさせて、「あと少しだよ」とことばかけを行いましょう。体のかたい子も毎日少しずつ取り入れることでできるようになります。

ことばかけ もっと上を向いてごらん。あと少しでエビさんだよ。

たまごコロコロ

あそび方

❶保育者と子どもはあお向けになり、両手で膝を抱えて体を丸めます。

❷たまごになったつもりで、前後・左右に体をコロコロ揺らします。

コロ
コロ

> **援助のコツ**
>
> 膝を抱えて体を丸めることが難しい場合は、保育者が体を支えながらゆっくり揺らしましょう。

なべなべそこぬけ

あそび方

❶保育者は立て膝で子どもと向かい合って手をつなぎます。「なべなべそこぬけ」をうたいます。

❷「なべなべそこぬけ」で両手を左右に揺らします。「そこがぬけたらかえりましょ」で2人同時に反り返り、背中合わせの状態になります。再び繰り返して、❶に戻ります。

手を離さないよう、反り返ります。

そこがぬけたらかえりま…

しょ

注意 手や肩の関節に無理のないよう、2人の呼吸を合わせてゆっくり行います。

輪を移動できるかな?

用意するもの
• ホースの輪(作り方はP41)

あそび方

❶保育者と子どもで向かい合って手をつなぎ、片方の手の間にホースの輪を通します。

❷保育者が先に、頭→体→足の順にホースの輪をくぐります。続けて子どももくぐります。

頭、体、足通すよ〜

ここがUP 輪を移動させるために体を縮めたり、腕を伸ばしたりすることで柔軟性が身につきます。

2歳児

柔軟性

よちよちアヒル

あそび方

❶左右の足を開いて膝を曲げてしゃがみ、両手を下ろします。

❷おしりが床につかないように、左右の足を交互に出しながら前に進みましょう。

援助のコツ

しゃがんだときにおしりがかかとにつくよう、重心を後ろにします。股関節が開いているか意識して歩きましょう。

ことばかけ
アヒルさんになってよちよち歩くよ。

余裕があれば両手をパタパタしましょう。

あぐらパタパタ

あそび方

❶左右の足の裏をくっつけて座ります。

❷両手で左右の足を覆うように包み、曲げた左右の膝を上げたり下げたりしながら動かします。

援助のコツ

膝を動かすのが難しい子には、まずは保育者と向かい合ってパタパタと動かす動作を見せるようにします。

ことばかけ
パタパタ、パタパタ…
羽みたいに動かそう。

ヒトデでタッチ

あそび方

❶足を軽く開いて立ち、腕を左右に大きく広げます。

❷体を開いた状態のまま、右手を右足（または左手を左足）にくっつくように近づけます。

援助のコツ

体が前かがみになって倒れてしまわないように、体が開いた状態を保てるよう声をかけましょう。

ことばかけ　ヒトデって知ってる？　星の形をした生き物になりきってみよう！

トントンどこまでできるかな?

あそび方

●左右の足を伸ばして座り、左右の手でグーを作ります。「トントン」と言いながら、太ももから足先に向かってゆっくりたたいていきます。できたら、足先から太ももへと戻りましょう。

援助のコツ

たたくことに集中すると、足と足の間が次第に開いてしまいます。足同士をくっつけることに意識できるようことばかけをしましょう。

トントン トントン

ことばかけ
足と足の間はピタッとのりでくっつけちゃうよ。

足の間は離れないようにします。

足におでこタッチ

あそび方

●左右の足の裏をつけて座り、合わせた足におでこをタッチします。1回タッチできたら、2回、3回…と続けてタッチしたり、足におでこをタッチする時間を長くしたりします。

援助のコツ

くっつけた足の裏を体に近づけすぎると、おでこをタッチしにくくなります。膝を少し伸ばし体から足を離すことでタッチしやすくなります。

ことばかけ せーの!で足におでこをタッチするよ。

右タッチ、左タッチ

あそび方

❶子どもは足を開いて座ります。
❷保育者は子どもの左足の外側に手を出します。子どもは体を保育者の手の方に回して、右手で保育者の手にタッチします。反対側もタッチします。

ここがUP 初めは子どもがタッチしやすい位置にして、できたらあと少しで届くぐらいの位置に手を出すようにすると、より柔軟性が身につきます。

ことばかけ
先生の手はどこかな?
よく見てタッチしてね。

2歳児

柔軟性

リズムにのって足踏み

あそび方

❶子どもと保育者は向かい合って手をつなぎます。
❷好きな曲を歌いながら、膝を高く上げ、その場で足踏みをします。

ここがUP 普通に歩くのではなく、膝を意識して高くあげると、普段使っていない筋力が養われます。

ことばかけ
1、2。1、2。元気よく膝を上げてみよう。

ランランラン♪

膝を高く上げるのがポイント。

背中すべり台

あそび方

❶子どもと保育者が向かい合って立ち、保育者は子どもの両わきを持ちます。
❷子どもを持ち上げて片方の肩にのせるように支えます。子どもは保育者の背中を滑り下ります。

注意 初めは保育者がしゃがんで行うなど、子どもの様子を見ながら高さを調整しましょう。

子どもを肩にのせたら、保育者は、子どもの肩と腰を持って支えます。

子どものわきをしっかり持ちます。

しっかり背中がくっついているか確認してから滑らせます。

小さい丸・大きい丸

あそび方

❶子どもたちと保育者で手をつなぎ、輪になります。
❷保育者の合図で、後ろ歩きしながら手をいっぱいに広げて大きな輪になります。

ここがUP あそびながら後ろ歩きを体験します。また、輪になった状態から動くことで、まわりと合わせて体を動かす感覚も身につきます。

ことばかけ
どんどん大きな丸になるよ。

楽しくなりすぎると、友達の手を急に引っ張って転んでしまうことも。子どもの様子を見ながら、落ち着いて行えるように声をかけましょう。

バランス歩き

あそび方

●マットの上に、逆さにしたボウルを並べます。その上を落ちないように歩きます。

用意するもの

・マット
・ボウル（大人がのるなどして底をへこませたもの）

あと少し！

援助のコツ

ボウルの並べ方や並べる間隔は、子どものレベルに合わせて調整します。ボウルは大小があるとさらに楽しめます。

ボウルが動いてしまうときは、両端をテープで留めてもよいでしょう。

バックオーライ

用意するもの

・ホースの輪（作り方はP41）

あそび方

●ホースの輪を持って、ハンドルのようにぐるぐると動かしながら、後ろに進みます。

 注意 保育者は子ども同士がぶつからないよう、様子を見守る位置につきます。

ここがUP 後ろに進むと同時に腕を動かすため、手足の動きを連動させる体験ができます。

バックしまーす

タオルで波乗り

あそび方

●バスタオルの上に子どもが少し足を開いて立ちます。保育者はゆっくりと端を持って引っ張ります。

用意するもの

・バスタオル

援助のコツ

引っ張る方向に対して横向きでのせることがポイント。初めはゆっくりそっと引っ張ります。すぐに転んでしまう場合は、座らせて行いましょう。

ことばかけ サーフィンって知ってる？バスタオルで挑戦だ！

引っ張る方向に対して横向きに。

足は少し開いて立ちましょう。

99

フラミンゴ

あそび方

❶保育者は子どもの後ろに立ち両手を握り、曲げた膝の上に子どもをのせます。

❷子どもは手を広げ、保育者は片足でバランスをとります。

援助のコツ

子どもの顔が下を向くとバランスを崩しやすいので、別の保育者が子どもの前に立ち、顔を見るよう伝えましょう。子どもの手は保育者が支えます。

保育者の人差し指を子どもがしっかり握ると子どもが自分でバランスをとろうとします。

ことばかけ
片足で立つフラミンゴ。ぐらぐらせずにできるかな。

ケンケンで進もう

あそび方

●保育者と子どもは向かい合って手をつなぎます。互いに片足を上げてケンケンで5歩進みます。反対の足も行いましょう。

ここが
UP
足にも利き足があります。子どものうちからあそびの中に取り入れることで、左右の足がどちらもバランスよく使えるようになります。

ケンケンで
5歩進むよ

慣れてきたら、両手つなぎ→片手つなぎのように補助を減らすことで、子どもが1人でできるよう促します。

ジャンプで手をパチン！

あそび方

❶「せーの！」の合図でジャンプをします。

❷ジャンプできることを確認したら、次に、ジャンプをしている間に1回手をたたきます。

援助のコツ

ジャンプする前に手をたたく準備をしておきます。1回たたけるようになったら、ジャンプを1回している間に、2回手をたたいてみましょう。

ことばかけ
せーの！ でジャンプが終わるまでに手をたたけるかな？

パン！

せーの!!

荷物運びまーす

あそび方

❶子どもは足を閉じて座り、膝の裏を左右の手で持ちます。

❷保育者は子どもの両足を床から少し持ち上げて、後ろ向きで進みます。

ここがUP 初めは直進し、慣れてきたら蛇行して進んだり、スピードを変えたりすると、子どもは姿勢を維持しようとバランス力がさらに身につきます。

ことばかけ
荷物が崩れないよう、膝の裏をしっかり持ってね。

子どもの足を高く持ち上げすぎると、バランスを崩して姿勢が保てないため、保育者は低い姿勢になりながら進みましょう。

モップでお掃除

あそび方

❶子どもはあお向けになり、両足を閉じて床から少し浮かせます。

❷保育者は子どもの足の裏を手のひらで覆い、前に進みます。

援助のコツ
子どもの足は、床から15センチぐらいの高さに上げると押しやすくなります。

ことばかけ
モップはまっすぐだよ。お膝を曲げないようにね。

足を浮かせすぎると、膝が曲がって進みません。

ラッコに変身

あそび方

●あお向けになり、おなかに貝があるように見立ててたたきます。両膝を交互に曲げ伸ばし、頭のほうに向かって進みます。

援助のコツ
進むのが難しい子には、保育者が足の裏を抑えながら進めるよう補助するとよいです。滑りやすい床の上で、裸足で行います。

コンコン

ことばかけ
ラッコさんの大好きな貝を割りながら進もう。

クマさんででこぼこマット

あそび方

●逆さにしたボウルをバラバラに並べ、マットをかぶせます。その上をクマさん歩きします。

用意するもの

- ボウル 10個ぐらい
- 柔らかいマット

援助のコツ

でこぼこを出すためには、柔らかい布製のマットを使用します。保育者はバランスを崩した子どもを支えられるようすぐそばで見守ります。

> **ことばかけ**
> でこぼこ道をクマさんで歩くよ。

ヘビを踏まないで！

用意するもの

- 長なわ 3本

あそび方

❶長なわをまっすぐに伸ばし、間隔をあけて3本並べます。
❷長なわに触れないように、ハイハイで越えます。

> **ここが UP**
> 歩くのが上手になってくると、ハイハイをする機会が減ります。支持力をつけるのに有効なハイハイを積極的にあそびに取り入れましょう。

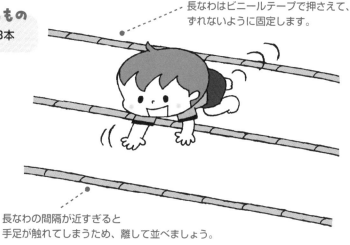

長なわはビニールテープで押さえて、ずれないように固定します。

長なわの間隔が近すぎると手足が触れてしまうため、離して並べましょう。

クマさんの手形

あそび方

●床にクマの手形を貼ります。手形に合わせてクマさん歩きします。

用意するもの

- クマの手形 10枚ぐらい（画用紙に絵を描いたもの）

> **ことばかけ**
> 手形に合わせて「のっし、のっし」と手と足で歩いてみよう。

5本の指をしっかり開き、手のひら全体が床につくようにします。

キャタピラー

あそび方

●子どもが入れる大きさで段ボールをカットします。輪の中をハイハイの姿勢で進みます。

用意するもの
・段ボール

援助のコツ
段ボールが硬いままだと進みづらいため、保育者は事前に段ボールを折るなど柔らかくしておきます。

どいて どいてー！

子どもは進むときに前が見えないため、広い場所で行いましょう。

ゆらゆらトンネル

あそび方

●フープ（3〜4本）にマットを通したトンネルの中を、クマさん歩きします。慣れてきたら、少し間隔を空けながら何人かでクマさん歩きを行います。

用意するもの
・小さめのフープ4本　・マット

援助のコツ
子どもがトンネルで進む方向は一方向にします。怖がる子には、トンネルを押さえて揺れないようにしましょう。

マットがよく反ったほうが揺れが大きくて楽しめます。フープは小さめのものを用意しましょう。

ことばかけ　ユラユラ揺れるよ。クマさん気を付けて！

アザラシバックオーライ

あそび方

❶うつぶせになり、ひじをのばして体を起こします。
❷腕の力を使って、後ろに進みます。

援助のコツ
後ろに進むため、ぶつかる物がないか確認するなど広い場所で行います。

ことばかけ　アザラシさんはひじがピンと伸びてるよ。

2歳児 ● 支える力

マットの色はどれ？

あそび方

❶床にカラーマットをバラバラに並べ、保育者はその中から「赤！」などと色を伝えます。

❷その色のマットをクマさん歩きで踏みます。

援助のコツ

子どもの人数によってマットの数も調整が必要です。少なすぎて子ども同士がぶつかる、多すぎて簡単にマットが踏めるなどの場合は、様子を見ながら調整しましょう。

用意するもの
・カラーマット（滑り止め付きマットを丸く切ったもの）

赤！

クマさんボール転がし

あそび方

●床に新聞紙ボールをばらまきます。クマさん歩きの姿勢で、手でボールを転がしながらマットまで運びます。

用意するもの
・新聞紙ボール（丸めた新聞紙にビニールテープを巻きつけたもの）人数分
・マット

援助のコツ

初めはボール1個を転がし、慣れてきたら、2個、3個を同時に転がすよう挑戦します。

ことばかけ
クマさんはボール運びも得意だよ。

ボールに気を取られて、顔を上げるなど姿勢が崩れてしまわぬよう声をかけましょう。

クマさんぞうきんがけ

あそび方

●ぞうきんに描かれた手形に、手のひらを合わせてぞうきんがけあそびをします。

用意するもの
・手形を描いたぞうきん　人数分

援助のコツ

子ども同士がぶつかったり、床に顔をぶつけないように見守りながら、少しずつぞうきんがけをする距離を伸ばしましょう。

ことばかけ クマさんがお掃除した後はピカピカになるよ。

ぞうきんの手形は、指を開いて描きます。

2歳児 支える力

シャクトリムシ歩き

用意するもの
・マット

あそび方

❶両手のひらをついてクマさんの姿勢になります。
❷片方ずつ手を前に出し両手をそろえたら、両足でジャンプします。慣れたら、繰り返し連続で行います。

援助のコツ

あそびに入る前にシャクトリムシの実際の動きを見せるとわかりやすいです。バランスを崩して顔を打たないよう、腕でしっかり支えるよう伝えます。

のっし、のっし

ことばかけ
みんなでシャクトリムシさんになるよ！

ぴょん

下にマットを敷くと滑らず安全です。

ヘビ2匹クマさん歩き

あそび方

●2本の長なわをヘビのように並べて置きます。その間を踏まないようにクマさん歩きで進みます。

用意するもの
・長なわ2本

**ここが
UP** 疲れてくると顔やおしりが下がってきます。支持力がしっかりと身につくよう、クマさんの基本姿勢は崩さないようにしましょう。

ことばかけ
くねくねヘビさんに触らないように進もう。

スピードが出過ぎると、バランスを崩して顔を打つことがあります。ゆっくり行いましょう。

鉄棒クモの巣

あそび方

●鉄棒に絡ませたゴムひも（クモの巣）に引っかからないようにくぐり抜けます。

用意するもの
・鉄棒 ・ゴムひも

援助のコツ

初めはクモの巣の絡ませ方を少なくし、徐々に複雑にして難易度を上げていきましょう。

ことばかけ
クモに見つかる前にクモの巣から抜け出そう！

手つなぎグーパー

あそび方
❶保育者は足を開いて座り、子どもは足の間に立って保育者と手をつなぎます。
❷保育者が「グー」「パー」と声をかけ、子どもは足を閉じたり開いたりしてジャンプします。

援助のコツ
ジャンプしづらい子には、保育者がわきを持って持ち上げるようにしてグーパーします。

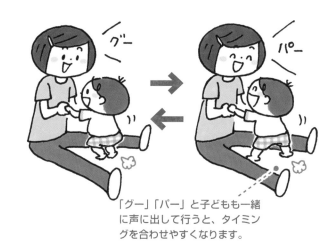

グー パー

「グー」「パー」と子どもも一緒に声に出して行うと、タイミングを合わせやすくなります。

同じカードはどれかな？

あそび方
❶離れた場所に動物のシルエットのカードを数枚並べます。
❷保育者は子どもに動物カードを1枚見せて、その動物に変身するよう伝えます。
❸子どもは❷で変身した動物のまま、その動物のシルエットカードにタッチします。

用意するもの
・動物カードと動物のシルエットカードを3、4組（ウサギ、クマ、カエルなど）

援助のコツ
子どもにカードを見せるとき、耳だけなど絵の一部だけを見せてクイズにするとさらに楽しめます。

ことばかけ
お耳が長い動物だね。ぴょんぴょんしながら探そう。

ジャンプでタッチ！

あそび方
❶子どもと保育者が向かい合って立ち、保育者は手を前に伸ばします。
❷子どもは膝を曲げてジャンプし、保育者の手にタッチします。

援助のコツ
保育者は子どもの様子を見ながら手の高さを調整し、子どもの意欲を引き出しましょう。

せーのでジャンプ！

ことばかけ
ここまで届くかな？ せーのでジャンプ！

慣れてきたら、高さを変えたり、斜め前のほうに手を出したりしてみます。

子どもは膝を曲げてジャンプするようにします。

大波小波をジャンプ

あそび方

❶床に長なわを波のように蛇行させて置きます。
❷左右交互に長なわをジャンプで飛び越えながら進みます。

用意するもの
・長なわ

援助のコツ

続けて跳ぶのは難しいので、ことばかけしながらゆっくりジャンプを楽しめるようサポートしましょう。

ことばかけ オッと大波がきた！次はかわいい小波だよ。

ゆっくり進むことで足が離れずにジャンプできます。

保育者が先頭になってジャンプを見せると、子どもが取り組みやすくなります。

ぴょんぴょんジャンプ

あそび方

❶保育者は足を大きく開いた状態で座ります。
❷子どもは保育者の横に立ち、保育者の足をジャンプで跳び越えます。難しい子どもには、座っている保育者が手をつないで補助するようにします。

援助のコツ

足がバラバラにならず、両足をそろえて跳ぶことを意識するよう促します。

慣れたら足の開きを狭めましょう。着地する範囲が狭くなり、難易度が上がります。

フープでグーパージャンプ

あそび方

❶グー、パーの順になるようフープを並べ、グーパージャンプで進みます。
❷足でのグーパージャンプができるようになったら、ジャンプに合わせて手も一緒にグーパーします。

援助のコツ

初めは子どもが跳ぶたびに、保育者は「グー」「パー」と声をかけましょう。手の動きを見せながら行うと安心してできるようになります。

用意するもの
・フープ（またはホースの輪）10本前後

グーパー

ことばかけ グーパーって言いながらジャンプしよう！

グー（1本）とパー（2本）のフープで色を変えるとわかりやすいです。

ジャンプでヘビから逃げろ！

用意するもの
• カラーポリ袋で作ったヘビ3本

ことばかけ
ヘビさんが3匹、跳び越えちゃおう！

あそび方
❶ヘビをまっすぐにして、間隔をあけて3本並べます。
❷ヘビに触れないように、ジャンプで跳び越えます。保育者が先に跳んで見せて、慣れたら3本連続で跳びましょう。

援助のコツ
初めは2本からスタートしてもよいでしょう。ジャンプはつねに両足跳びを意識するよう促します。

ヘビ同士が近すぎると跳びにくいので間隔に注意します。

三角クモの巣

用意するもの
• 長いゴムひも　• イス 3つ

あそび方
❶イスを三角形に並べて、それぞれの足の床から5cmくらいの高さにゴムひもをつけます。
❷順番にウサギジャンプで跳び越えます。

援助のコツ
ジャンプが引っかかってしまう場合は、ゴムひもをつける位置を低くします。保育者が手を支えながら、ジャンプすることから始めましょう。

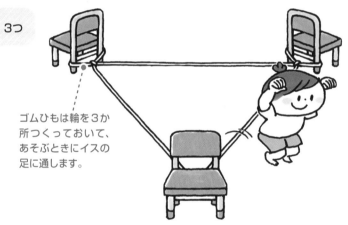

ゴムひもは輪を3か所つくっておいて、あそぶときにイスの足に通します。

プチプチつぶせるかな？

用意するもの
• 梱包用のエアーパッキング（40cm×40cmくらい）

あそび方
❶床に梱包用のエアーパッキングを敷き、テープで固定します。
❷ジャンプしてつぶします。

援助のコツ
うまくジャンプできない場合、保育者は両手を支えて、同じところでジャンプできるよう補助します。

注意 何人かで同時にジャンプするとぶつかってしまうので、梱包用のエアーパッキングを数枚用意し、一人ずつ行います。

プチ プチ！

マットの島から島へ

あそび方

❶マットを縦に4枚くっつけて並べ、マットの上を両足ジャンプで進みます。

❷慣れたら、マットとマットの間隔を少し開け、落ちないようジャンプしながら進みます。

用意するもの
・マット4枚

援助のコツ
マット同士の間隔が開きすぎると、両足ジャンプではなく片足ずつのジャンプになってしまうので注意します。

ことばかけ
マットの島にジャンプで渡るよ。

同じ色のフープ見っけ

用意するもの
・大きいフープ8個（4色2本ずつ）

ことばかけ 2回とも同じ色のフープに入ってね。

あそび方

❶4色のフープを並べます。少し先にも色の順番を入れ替えて並べます。

❷ウサギジャンプで、最初に入った色と同じ色のフープにジャンプして入り、ゴールします。

援助のコツ
距離が長すぎると疲れてしまう子もいるため、子どもの様子を見ながらジャンプする距離やフープを置く位置を調整します。

くねくね道を跳ぼう

あそび方

●右図のように、色の異なる長なわを3本置きます。踏まないように、矢印の方向に跳び越えます。

用意するもの
・長なわ3本（色が異なるもの）

ここがUP 静かに着地することを意識すると、ジャンプを調整する力が身につきます。

なわの間は広い、狭いをつけてジャンプに変化をつけます。

なわの並べ方・跳び方

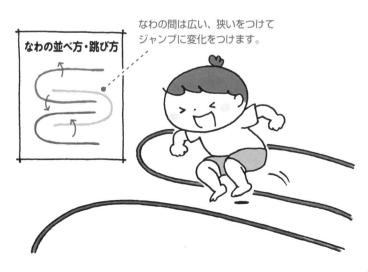

109

ミノムシごっこ

あそび方

❶子どもはあお向けになります。

❷保育者はホースの輪を持ち、子どもが逆手で握ったのを確認してから引っ張ります。

用意するもの

・ホースの輪（作り方はP41）

ここが UP ひじを曲げて握ることで懸垂力が育ちます。伸縮性のあるホースを使うと、握りやすくなります。

初めはゆっくり引っ張って、慣れたら少しスピードをつけましょう。

ことばかけ ミノムシさん、フープにしっかりつかまってね。

ぶら下がって足打ち

あそび方

●鉄棒にぶら下がり、足の裏を打ち合わせます。

用意するもの

・鉄棒

⚠️ **注意** 体が接触しないよう、周りに他の子どもが近寄らないよう気をつけます。

援助のコツ

楽しくぶら下がって鉄棒に慣れましょう。徐々に2回連続足打ちなどしながら、ぶら下がる時間を長くします。

ことばかけ ブラブラしながら足をパッチンできるかな？

パン！

怪獣に負けるな！

あそび方

❶子どもが保育者の足の甲に座り、しっかり足にしがみつきます。

❷保育者は足を上げて、怪獣のまねをして歩きます。子どもは落ちないようにします。

援助のコツ

子どもがつかまっている足を保育者が下ろすときは、踏まないように注意します。

ガォ〜

足の甲を少し上へ向けると子どものおしりにフィットします。

ことばかけ 先生が怪獣に変身するよ。落ちないようつかまってね。

おサルの赤ちゃん

あそび方

❶保育者は床に手をついて、膝を伸ばしたクマさん歩きの状態になります。子どもは保育者の首に手を回し、背中に足を引っかけてしがみつきます。

❷保育者は子どもを落とさないように歩きます。

ここがUP 手と足を両方使ってしがみつくことで、全身をコントロールする感覚を覚えます。

⚠️ **注意**
子どもが自分の力で、しっかりとしがみつけるようになってから行いましょう。

お膝に登れるかな

あそび方

❶子どもと保育者が向かい合って手をつなぎます。

❷保育者は膝を軽く曲げます。子どもは保育者の膝あたりまで引き上げられるような姿勢で登り、静かにおります。

援助のコツ
子どもが登りやすいよう、軽く膝を曲げましょう。登りにくそうな子どもには、歩幅を狭くして少しずつ登ると取り組みやすいことを伝えます。

さぁ、登っておいで〜

子どもの手はやさしく斜め上へ引き上げるイメージで、引っ張りすぎないように注意します。

ワニさん歩き

あそび方

❶うつぶせになり、胸とおなかは床につけたまま、ひじを曲げて両手を胸の横におきます。

❷右腕を前に出すときは左足を前に、左腕を前に出すときは右足を前に出しながら、はうように進みます。

ここがUP 腕だけでなく足も使って進むため、まだ腕の力が弱い乳児でも行うことができます。引きつける力を意識できるようことばかけを行いましょう。

ことばかけ
おへそと床は仲良くくっつけてね。

おへそは床につけたまま、前進します。

あごは床すれすれのところで、顔は斜め上を向きます。

平均台の下をワニ歩き

あそび方
❶うつぶせになり、ワニさんに変身します。
❷手と足の力を使って、平均台をくぐりましょう。

用意するもの
・平均台

> **援助のコツ**
> 胸が上がると、引きつける力ではなくなってしまいます。平均台をくぐるときだけでなく、つねに胸が床につくよう意識させましょう。

急ぐとおしりが上がりやすいのでゆっくり行います。

お好み焼き焼けたかな？

あそび方
❶お好み焼きに変身した子どもがマットの上にうつぶせになります。
❷保育者は「焼けたかな？」と子どもの腕や足を持ち上げます。子どもはひっくり返されないように耐えます。

> **援助のコツ**
> 子どもをひっくり返すときは、すぐにひっくり返さず、まずは腕や足を持ち上げて、マットにしっかりしがみついているか確認します。

用意するもの
・マット

> **ことばかけ**
> 焼けたかどうかひっくり返そう。

レスキュー隊

用意するもの
・太さ3cmくらいのロープ

あそび方
❶保育者2人は、お山座りでロープの端と端を持ち、腰にロープをまわして座ります。
❷子どもはあお向けになり、両手でロープを握ります。床に背中をつけたまま、足をロープに絡ませて、腕の力でロープを進み、保育者にタッチします。

> **援助のコツ**
> 足が下がると、足を動かして進むため、腕の力を使わなくなります。足が下がってきたら声をかけるようにしましょう。

> **ことばかけ**
> レスキュー隊、出動します！

2歳児 引きつける力

2歳児 ● 引きつける力

平均台でコアラ

あそび方

●平均台の上にのり、ひじと膝を平均台に絡ませて腕の力だけで進みます。

用意するもの

・平均台　・マット

 注意 落ちたときにケガをしないよう、下にマットを敷いて行います。

ことばかけ コアラさん、落ちないようにしがみついて！

ギュッとしがみついて

あそび方

❶子どもはスポンジ素材のスティックにしっかりしがみつきます。
❷棒の先を保育者が持ち、引っ張りながら進みます。

用意するもの

・スポンジ素材のスティック

援助のコツ

しがみつく力が弱い子どもは手を離しやすいため、動きを予測しながらゆっくり行います。

ここが UP 慣れたらまっすぐ進むだけではなく、ぐるんと一回転を加えながら進むと、より腕の力が身につきます。

次はどこ行こうかな？

お魚つり

ことばかけ わあ、おいしそうなお魚がたくさん泳いでいるね！

あそび方

❶子どもはうつぶせになります。保育者は少し離れた場所から「今日は何が釣れるかな？」と言って、寝てる子どもに当たらないようロープを投げます。
❷投げられたロープの近くにいる子どもはロープをつかんだら、保育者に引っ張ってもらいます。保育者のところまできた子どもは、「むしゃむしゃ」と食べられ、次は引っ張る手伝いをします。

用意するもの

・太さ3cmくらいのロープ

援助のコツ

子どもがすぐにロープを離すなど、持ちづらそうな場合は、ロープを1回しばってコブを作ると握りやすくなります。

2歳児

引きつける力

1 あたま・かた・ひざ・ポン！

あそび方

❶保育者と子どもは立ったまま、「あたま・かた・ひざ・ポン」の歌を歌いながら、頭・肩・膝を手で触り、「ポンッ！」で手拍子を1回します。

❷歌詞に合わせて、目・耳・鼻・口を順番に触ります。

あたま、かた、ひざ…

め・みみ・はな・くち〜

ポンッ

次第にテンポを速めると、動作と歌の速さに子どもたちも盛り上がります。

2 座ってあたま・かた・ひざ・トン！

あそび方

❶足を伸ばして座り、左と同じく歌いながら、頭・肩・膝を触り、「トン！」で足先にタッチします。

❷「め・みみ・はな・くち」の歌詞では、伸ばした足に、目・耳・鼻・口を近づけます。

あたま・かた・ひざ…

トン

め・みみ・はな・くち〜

援助のコツ

歌あそびを取り入れることで、楽しみながら柔軟性を身につけることができます。

柔軟性

1 こぶじいさんエクササイズ

あそび方

❶子どもは足を開いて座り、左右の手をグーにして頬に当て（こぶじいさん）、そのまま、ひじを床に近づけます。

❷保育者は足を開いて子どもの後ろに座り、軽く背中を押します。

ここがUP こぶじいさんの姿勢は脚力や開脚から全身の柔軟運動につながります。

2 ひげじいさんとてんぐさん

あそび方

❶子どもは左の姿勢のまま、左右の手をグーにして、あごに重ねます（ひげじいさん）。保育者が左右の手（ひげ）の間を切るまねをしたら、体を前に倒しながらあごにつけた片方の手を床につけます。

❷次は左右の手をグーにして、鼻につけます（てんぐさん）。保育者が左右の手（鼻）の間を折るまねをしたら、体を前に倒しながら鼻につけた片方の手を床につけます。

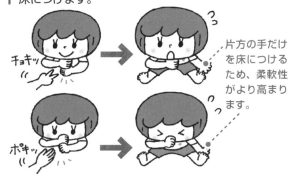

チョキッ

ポキッ

片方の手だけを床につけるため、柔軟性がより高まります。

柔軟性

1 足の指タッチ

あそび方

●子どもはあぐらで座ります。右足の甲を右手、右足のかかとを左手で支えて持ち上げたら、足の指をあご、頬、おでこ、頭…最後に鼻にタッチします。足を替えて行います。

ことばかけ あごから順にタッチするよ。届くかな。

最後は鼻タッチ！

片足を上げると後ろにバランスを崩しやすいため気をつけましょう。

2 電話ピポパポ

あそび方

❶あぐらで座り、右足を左手で支え、右手の人差し指で右足の裏を電話のダイヤルのように押します。
❷右足の甲を右手、右足のかかとを左手で持ち、右耳に足の裏をくっつけて電話をかけるまねをします。足を替えて行います。

ピポパポ

もしもし〇〇ちゃんですか？

もしもし〜

体のかたい子は足を持ち上げるだけで精一杯のため、少しずつ行いましょう。

1 せーのでタッチ

あそび方

❶保育者と子どもは向かい合って足を閉じて座り、足の裏をくっつけます。
❷「せーの！」の合図で両手をタッチします。

せーの！タッチ！

体がかたく、膝が曲がってしまう場合、まずは足を開いて行いましょう。

2 どこにタッチ？

あそび方

●保育者と子どもは向かい合って足を開いて座ります。保育者は、左右上下いろいろなところに片手を出し、子どもはその手にタッチします。

タッチ！

援助のコツ

あと少しで届くかな？　という位置に差し出すと、子どもの柔軟性が鍛えられます。

柔軟性

柔軟性

115

2歳児

あそびの
組み合わせ

バランス力 ●

1 ロボット歩き

あそび方
●保育者は足をやや開いて立ち、子どもを足の甲にのせて一緒に歩きます。

保育者の親指か人差し指を子どもが握り、その手を包み込むように持ちます。

つま先を反らすと子どもが落ちにくくなります。

援助のコツ
「1、2！ 1、2！」と声を合わせると動きやすくなります。

2 ロボット後ろ歩き

あそび方
●左の「ロボット歩き」の姿勢のまま、後ろに進みます。

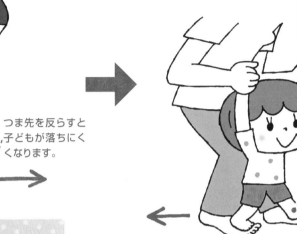

ことばかけ
ロボットがバックしまーす。しっかりのっててね。

慣れてきたら、横にも進んでみましょう。

バランス力 ●

1 一本橋を横歩き

あそび方
●保育者と両手をつないで向かい合い、子どもが板の上を横歩きで進みます。

用意するもの
・薄めの長い板

援助のコツ
普段あまり行わない横歩きをすることで体の使い方を意識するようになります。保育者は引っ張らずに子どもの歩みに合わせましょう。

2 一本橋を渡ろう

あそび方
●保育者と片手をつないで、子どもが板の上を歩きます。

ゆっくりでいいよー

細い幅のところを歩くことで、バランスをとりながら進む動きを覚えます。

援助のコツ
片手をつなぐ→保育者の指を握らせる→子どもの手首を持つ→子どもの洋服を持つ… など援助を少しずつ減らして自分でできる力を養います。

バランス力 ●

1 一緒に転がろう

あそび方

❶子どもと保育者は一列になるよううつぶせになり、手足を伸ばした状態で手をつなぎます。

❷保育者がリードして転がります。

2 風船を落とさず転がろう

あそび方

●左の「一緒に転がろう」の姿勢で、子どもと保育者の手の間に風船をはさみ、落とさないように転がります。

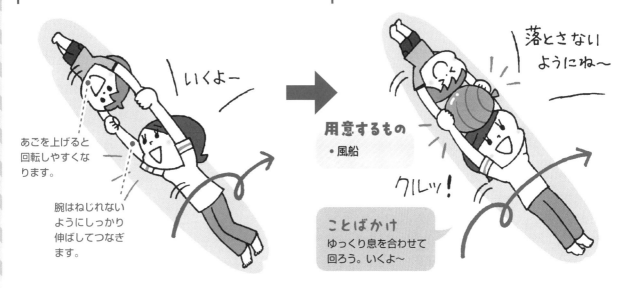

いくよー

あごを上げると回転しやすくなります。

腕はねじれないようにしっかり伸ばしてつなぎます。

落とさないようにね〜

用意するもの
・風船

クルッ！

ことばかけ
ゆっくり息を合わせて回ろう。いくよ〜

バランス力 ●

1 新聞紙ボール投げ

あそび方

●マットを敷きます。子どもは正面からマットにのるよう新聞紙ボールを投げます。

用意するもの
・新聞紙ボール
・マット

入った！

援助のコツ

まずは投げ方の手本を保育者が見せます。入らない場合は、投げる位置を近づけましょう。

2 跳び箱ねらって！

あそび方

●跳び箱の1段目を逆さにして置きます。子どもはその跳び箱めがけて、少し離れた位置から新聞紙ボールを投げます。

用意するもの
・跳び箱の1段目

投げる位置は、子どもの様子を見ながら調整しましょう。

えいっ！

支える力 ●

1 トンネルジャンケン

あそび方

❶子どもと保育者は背中合わせになり、肩幅ぐらいに足を開いて立ちます。

❷両手を前について、足の間からのぞきこみながらジャンケンをします。

ジャンケン
ポン

両手をつく位置は、足のそばから離したほうが姿勢が安定します。

2 足の間でキャッチ

あそび方

●左の「トンネルジャンケン」の姿勢のまま、保育者は足の間を通るようにボールを転がし、子どもが受けます。交代し、子どもから保育者に向けて転がします。

用意するもの
・ボール

いくよー

ここが
UP　動体視力と、それに合わせて体を動かす力が身につきます。投げる速度を早めたり、小さめのボールを使うことで難易度が上がります。

支える力 ●

1 はしごクマさん歩き

あそび方

●床にはしごを置き、子どもは横棒を踏まないようにクマさん歩きします。

用意するもの
・はしご

踏まない
ようにね

足元に集中し、歩幅を調整する力が身につきます。

2 はしごクマさん横歩き

あそび方

●クマさんの姿勢で、はしごを横へと移動します。

ゆっくり
歩くよ～

援助のコツ

手と足が一緒に動かないと進めないため、保育者が先頭になって、手本を見せながら進みましょう。

1 すずめに変身!?

あそび方
❶保育者は、鉄棒の下でお山座りをします。
❷子どもは保育者と向かい合わせになり、膝の上に足をのせ、ひじを伸ばした状態で鉄棒を持ちます。

用意するもの
・鉄棒

ひじはしっかり伸ばします。

子どもの骨盤が鉄棒に当たるように膝の高さを調整します。

2 おでこごっつんこ

あそび方
❶左の「すずめに変身!?」の姿勢から、子どもは鉄棒を握ったまま前に倒れます。
❷保育者と「ごっつんこできるかな?」と言いながら、おでこ同士をつけます。子どもの様子を見ながら、そのまま保育者は子どもの両肩を両手で支え、体を丸めて前回りをします。

援助のコツ
前回りを怖がる子には、「鉄棒ゆらりん」(P70)などで逆さ感覚や回転感覚を体験させてから行いましょう。

1 平均台歩き

あそび方
●2本並べた平均台の上にマットを置きます。その上を子どもが歩きます。

用意するもの
・平均台2台
・マット

子どもは両手を広げるとバランスがとれて歩きやすくなります。

2 平均台クマさん歩き

あそび方
●左と同じ平均台の上を、クマさん歩きします。

怖くて進めない子は、膝をついたハイハイから行いましょう。

援助のコツ
高さに気をとられて、あごを上げて前を見る、手のひらを開くなどクマさん歩きの基本を忘れないようことばかけをしましょう。

支える力◆

119

2歳児 あそびの組み合わせ

跳ねる力 ★

1 目指せ忍者！

あそび方

●保育者は、立っている子どもの前に新聞紙棒を差し出し、子どもはその場で跳び越えます。

用意するもの

・新聞紙棒（新聞紙を巻いてテープで留めたもの）

両足でタイミングよくジャンプできればOK。

2 忍者ジャンプ

あそび方

❶保育者は新聞紙棒を持ち、立っている子どもの足の近くにしゃがみます。

❷「いくよー」と声をかけたら、棒を右から左、左から右へと動かし、子どもはそれをジャンプで跳び越えます。

忍者さん いくよー

跳ねる力 ★

1 ソフト平均台ジャンプ

あそび方

●ソフト平均台を並べて、ジャンプで跳び越します。

両足でタイミングよくジャンプしましょう。

用意するもの

・ソフト平均台3〜6本

2 ぴったり踏めるかな？

あそび方

●左の「ソフト平均台ジャンプ」で並べたソフト平均台の上を、ジャンプで進みます。

援助のコツ

ジャンプに慣れてきたら両足をそろえられるよう「足の間にはのりがくっついてるよ」とことばかけをしましょう。

ここが UP あそびを繰り返すうちに、次第にジャンプの幅や高さが自分で調整できるようになります。

跳ねる力 ★

1 線路をジャンプ

あそび方

●ビニールテープを2本並べて貼り、3つほど線路を作ります。リズミカルにジャンプで飛び越えます。

2 線路から落ちないで！

あそび方

●左の「線路をジャンプ」の線路の間を、はみ出さないようにジャンプします。

ことばかけ
急がなくていいよ。線路からはみ出さないように跳ぼう。

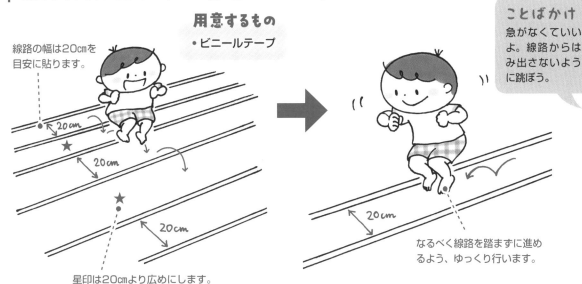

用意するもの
・ビニールテープ

線路の幅は20cmを目安に貼ります。

20cm

20cm

20cm

星印は20cmより広めにします。

20cm

なるべく線路を踏まずに進めるよう、ゆっくり行います。

跳ねる力 ★

1 マーカーコーン集め

あそび方

●いろいろな色のマーカーコーンを床にバラバラに置きます。保育者の合図で拾い集め、元の位置に戻ります。

用意するもの
・マーカーコーン

2 足にはさんで集めよう！

あそび方

●床にバラバラに置いたマーカーコーンを、保育者の合図で拾いにいきます。1個拾ったら、足の間にはさんで落とさないようにジャンプで戻ります。

ことばかけ
好きな色のコーンを、よーいドンで集めるよ。

⚠ **注意**
友達とぶつからないよう気をつけましょう。

マーカーコーンは膝の間にはさむとジャンプしやすくなります。

2歳児

あそびの組み合わせ

引きつける力 ▲

1 輪で引っ張りっこ

あそび方

❶子どもは足を伸ばして座り、向かい合うように保育者は座ります。

❷保育者と子どもは、ホースの輪を両手で握り、「引っ張るよー」などとことばかけをしたら、2人で引っ張り合います。

用意するもの
- ホースの輪（作り方はP41） ・マット

引っ張るよー！

2 輪につかまって

あそび方

❶あお向けになった子どもに、ホースの輪を両手でつかませます。

❷保育者は反対側を持って、子どもが背中で滑るようにホースの輪を引っ張ります。

注意

子どもがしっかり握っているか確認してから引っ張らないと、子どもが手を離してしまう恐れがあります。

すぐに離してしまう場合は、ホースを握る子どもの手に、もう一人の保育者が手を添えて「握る」ことを伝えましょう。

引きつける力 ▲

1 こままわし

あそび方

❶子どもはあお向けになり、体を少し丸めて手と足を高く上げます。

❷保育者は子どもの体を支えながら、やさしく回転させます。

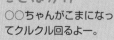

ことばかけ
○○ちゃんがこまになってクルクル回るよー。

2 タオルでこままわし

あそび方

❶保育者は棒状に丸めたタオルを、あお向けになった子どもにつかませます。

❷大きく円を描くようにタオルをゆっくり回し、子どもを回転させます。

くるくる
くる〜

タオルをしっかりつかんでいるか確認してから、タオルを回すようにします。

用意するもの
- タオル

注意

急に手を離してしまうと危険なので、はじめはゆっくり行います。

1 野菜の引っこ抜き

あそび方

❶子どもはマットの上にうつぶせになり、マットのへりをつかんだら好きな野菜に変身します。
❷保育者は子どもの足首を持って、引っこ抜きます。

用意するもの
・マット

うんとこしょ！
まだ抜けない

2 大きな野菜の引っこ抜き

あそび方

●左の「野菜の引っこ抜き」で、保育者と子どもの役割を交代してあそびます。

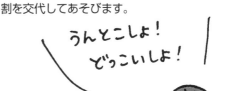

うんとこしょ！
どっこいしょ！

子どもが引っこ抜く場合は、
人数を増やして行います。

引きつける力▲

---

1 ギュッとつかんでマット引き

あそび方

●子どもはマットのふちを両手でつかみ、後ろ向きで引っ張って進みます。

用意するもの
・マット（すべり止めがある場合は、
　上にくるように置きます）

2 魔法のマットじゅうたん

あそび方

●子どもはペアになり、1人はマットの上に座ります。もう1人は、左の「ギュッとつかんでマット引き」と同じにように保育者と引っ張ります。交代して行います。

ことばかけ
魔法のじゅうたんにお
友達をのせて出発！

子どもの様子を見ながら、マットにのせる子どもの数を増やしてみましょう。

引きつける力▲

2歳児の運動あそび 年間指導計画

さまざまな運動あそびの経験を積み重ねていくなかで、次第に自分で体の動かし方がわかってきた2歳児。自然と体を動かせる環境から、さらに3歳以上児への憧れやもっとやりたい意欲を育む計画を立てましょう。

年間目標

● 体を動かす気持ちよさを感じながら自分の体を動かし、進んで運動する。

保育者の配慮

● 保育者が楽しんでいる姿を見て、子どもも一緒になって体を動かすので、まずは保育者が楽しんで行う。

● できたときにはその場でたくさん認めて、挑戦する気持ちや自信につなげていく。

● 無理強いはせず、楽しみながらいろいろな運動あそびが経験できるようにする。

● 子どもの成長に合わせて環境を工夫する。

月		4月	5月
内容	ねらい	● 体を動かすことを楽しむ。	● 体を動かすことを楽しむ。 ● 運動あそびに興味を持つ。
体の柔軟性		● 足の指をグーパー →P94 ● 飛行機に変身 →P75	● 足の指をグーパー →P94 ● 飛行機に変身 →P75 ● こぶじいさんエクササイズ →P114 ● エビに変身！ →P94
体のバランス力		● バランス歩き →P99	● 小さい丸・大きい丸 →P98
体を支える力		● クマさん歩き →P78	● クマさんの手形 →P102
体で跳ねる力		● 同じカードはどれかな？ →P106	● 手つなぎグーパー →P106
体を引きつける力		● ミノムシごっこ →P110	● お好み焼き焼けたかな？ →P112

月		10月	11月
内容	ねらい	● 体を思い切り動かす。 ● 様々な運動あそびを友達と一緒に行う。	● 体を思い切り動かす。 ● 様々な運動あそびを異年齢の友達と触れ合い楽しむ。
体の柔軟性		● 足の指をグーパー →P94 ● 飛行機に変身 →P75 ● こぶじいさんエクササイズ →P114 ● エビに変身！ →P94 ● ヒトデでタッチ →P96	● 足の指をグーパー →P94 ● 飛行機に変身 →P75 ● こぶじいさんエクササイズ →P114 ● エビに変身！ →P94 ● トントンどこまでできるかな？ →P97
体のバランス力		● 一本橋を渡ろう →P116	● フラミンゴ →P100
体を支える力		● クマさんボール転がし →P104	● アザラシバックオーライ →P103
体で跳ねる力		● 三角クモの巣 →P108	● 大波小波をジャンプ →P107
体を引きつける力		● おサルの赤ちゃん →P111	● レスキュー隊 →P112

立案のポイント

- 友達とあそぶこと、向上心や競争心を育み、集団あそびへとつながる基礎を築いていく。
- 継続して体を動かすことで、運動する楽しさを味わい、自ら体の動かし方がわかる子どもにする。
- 幼児期の運動あそびへとつながる支える力、跳ねる力、引きつける力を基本としながら、柔軟性、バランス力も意識して取り入れる。

6月	7月	8月	9月
●保育者の動きのまねをして体を動かす。	●保育者の補助で安心して運動用具を使ってあそぶ。	●体を動かすことを自分からやってみようとする。	●体を思い切り動かし様々な運動あそびを行う。
●足の指をグーパー →P94 ●飛行機に変身 →P75 ●こぶじいさんエクササイズ →P114 ●エビに変身！ →P94 ●足におでこタッチ →P97	●足の指をグーパー →P94 ●飛行機に変身 →P75 ●こぶじいさんエクササイズ →P114 ●エビに変身！ →P94 ●あぐらパタパタ →P96	●足の指をグーパー →P94 ●飛行機に変身 →P75 ●こぶじいさんエクササイズ →P114 ●エビに変身！ →P94 ●電話ピポパポ →P115	●足の指をグーパー →P94 ●飛行機に変身 →P75 ●こぶじいさんエクササイズ →P114 ●エビに変身！ →P94 ●右タッチ、左タッチ →P97
●ジャンプで手をパチン！ →P100	●モップでお掃除 →P101	●荷物運びまーす →P101	●ラッコに変身 →P101
●ヘビを踏まないで！ →P102	●キャタピラー →P103	●マットの色はどれ？ →P104	●ゆらゆらトンネル →P103
●ジャンプでヘビから逃げろ！ →P108	●ジャンプでタッチ！ →P106	●同じ色のフープ見っけ →P109	●フープでグーパージャンプ →P107
●ギュッとしがみついて →P113	●怪獣に負けるな！ →P110	●ぶら下がって足打ち →P110	●平均台の下をワニ歩き →P112

12月	1月	2月	3月
●バランスを取りながら運動あそびを楽しむ。	●意欲的に取り組めるようにする。	●簡単な動きのポイントを理解する。	●異年齢児と運動あそびを見たり行ったり一緒に楽しむ。 ●ルールのあるあそびを楽しむ。
●足の指をグーパー →P94 ●飛行機に変身 →P75 ●こぶじいさんエクササイズ →P114 ●エビに変身！ →P94 ●よちよちアヒル →P96	●足の指をグーパー →P94 ●飛行機に変身 →P75 ●こぶじいさんエクササイズ →P114 ●エビに変身！ →P94 ●足の指をグーパー →P94	●足の指をグーパー →P94 ●飛行機に変身 →P75 ●こぶじいさんエクササイズ →P114 ●エビに変身！ →P94 ●なべなべそこぬけ →P95	●足の指をグーパー →P94 ●飛行機に変身 →P75 ●こぶじいさんエクササイズ →P114 ●エビに変身！ →P94 ●輪を移動できるかな？ →P95
●バックオーライ →P99	●タオルで波乗り →P99	●ロボット歩き →P116	●一緒に転がろう →P117
●クマさんぞうきんがけ →P104	●ヘビ2匹クマさん歩き →P105	●すずめに変身!? →P119	●鉄棒クモの巣 →P105
●マットの島から島へ →P109	●線路をジャンプ →P121	●ソフト平均台ジャンプ →P120	●忍者ジャンプ →P120
●平均台でコアラ →P113	●お魚つり →P113	●大きな野菜の引っこ抜き →P123	●こままわし →P122

2歳児の運動あそび
指導案

全身の運動機能が身につき、「できた！」喜びや「もっとできるようになりたい」という意欲を感じるように。幼児期へのあそびにつながるよう、集団あそびなども取り入れましょう。

事例①（40分）

ねらい
- 保育者や友達と一緒に体を動かすことを楽しむ。
- さまざまな運動器具を使ってあそぶ。

時刻		あそび名	援助・注意点
9：30	準備体操	• 小さい丸・大きい丸 →P98 • ヒトデでタッチ →P96 • 電話ピポパポ →P115 • 足の指をグーパー →P94 • あたま・かた・ひざ・ポン！ →P114 • エビに変身！ →P94	• 友達の手を引っ張らないようことばかけをする。 • 前かがみにならず、体が開いた状態を保つようにする。 • 体がかたい子は一度に行わず、少しずつ行う。 • 子どもは両手を床につき、安定感を保つ。 • 慣れたら、歌と動作のテンポを速くする。 • 足先に髪を触れさせて、足先までの距離を知らせる。
9：40	保育者と	• 荷物運びまーす →P101 • ギュッとしがみついて →P113	• 保育者は体勢を低くしながら進む。 • 力が弱い子には、動きが予測できるようゆっくり行う。
9：50	子ども自身で	• ヘビを踏まないで！ →P102 • 三角クモの巣 →P108 • 野菜の引っこ抜き →P123	• なわが近すぎると触れやすいため、なわの間隔に注意。 • ジャンプで前につんのめらないようゴムひもの高さを調整する。 • 好きな野菜になりきれるよう、ことばかけをする。
10：00	サーキット	• ゆらゆらトンネル →P103 → 鉄棒クモの巣 →P105 → フープでグーパージャンプ →P107 → 平均台の下をワニ歩き →P112 → すずめに変身!? →P119	• マットがよく反るように、フープは小さめを選ぶ。 • ゴムひもの絡ませ方は徐々に複雑にする。 • ジャンプのたびに「グー」「パー」とことばかけを行う。 • 胸を床につけるように促す。 • 鉄棒の高さは骨盤が当たる高さに。

立案のポイント

- 言葉の理解も進むので、簡単なルールのあるあそびも取り入れる。
- 「5つの力」が、均等に入るような内容にする。
- 子どもが1人でできるように、補助を徐々に少なくしていく。

事例❷（40分）

ねらい
- 自分の体を少しずつコントロールしようとする。
- できなかったことに挑戦しようとする。

時刻		あそび名	援助・注意点
9：30	準備体操	・ジャンプで手をパチン！ →P100 ・あぐらパタパタ →P96 ・足におでこタッチ →P97 ・アザラシバックオーライ →P103	・ジャンプをする前に手をたたく準備をする。 ・はじめは保育者と向かい合い、動かす姿を見せる。 ・くっつけた足の裏は体に近づけすぎない。 ・進行方向（後ろ）に危険なものがないか確認する。
9：40	保育者と	・なべなべそこぬけ →P95 ・一緒に転がろう →P117	・手や肩の関節に無理のないよう、ゆっくり行う。 ・腕がねじれないよう伸ばしてつなぐ。
9：50	子ども自身で	・同じカードはどれかな？ →P106 ・ソフト平均台ジャンプ →P120	・動物のヒントを出しながらことばかけをする。 ・タイミングよく跳べるよう促す。
10：00	サーキット	・クマさんででこぼこマット →P102 →ヘビ2匹クマさん歩き →P105 →同じ色のフープ見っけ →P109 →バランス歩き →P99 →レスキュー隊 →P112	・バランスを崩した子どもを支えられるようそばで見守る。 ・顔やおしりが下がらないようクマの基本姿勢を保つ。 ・距離が長すぎて疲れないようフープを置く位置を調整する。 ・ボウルは大小用意し、並べ方や間隔を子どもに合わせる。 ・腕の力で進むため、足を下げない。

運動あそび Q&A

Q 子どもが運動あそびを
楽しむコツを
教えてください。

ケガをしないか、腕や膝の曲げ伸ばしがきちんとできているか、などといったことが気になりすぎてしまい、なかなか子どもたちを盛り上げることができません。

A **まずは保育者自身が
楽しみましょう。**

子どもは保育者が楽しんでいる姿を見ると嬉しくなり、「もっとあそびたい」「先生みたいにできるようになりたい」と新しい動きにも挑戦するようになります。まずは保育者が大いに楽しみましょう。そして危なくないかに注意しながら、子どもができたことや頑張る姿を認め、失敗しても寄り添い励ますことを繰り返していくと、あそびはさらに盛り上がります。

Q どんな運動あそびから
始めるとよいでしょうか？

新設園のため、これから積極的に運動あそびを取り入れていこうと思うのですが、年齢に合わせて行おうとすると、まだ体を動かし慣れていない子どもにとっては難しい気がします。

A **対象年齢は目安です。
楽しんでできる
あそびからスタートして。**

子どもの発達や体を動かしてきた経験によっても異なるため、対象年齢はあくまで目安にしてください。まずは、子どもが楽しくあそべているかをよく観察したうえで、5つの力を伸ばすあそびをバランスよく取り入れて、簡単なものから始めましょう。

Q あそびを取り入れる
時間はどのぐらいが
よいのですか？

1歳児クラスの担任です。30分ぐらい運動あそびの時間をとりたいのですが、子どもたちも後半になると疲れてしまうようで、なかなか集中力が続きません。

A **最初は10分から、
静と動のあそびを
組み合わせて。**

時間にこだわる必要はありません。10分程度であってもあそび方を工夫することで、十分な運動量とさまざまな力を引き出すことができます。子どもの様子を見ながら無理なく取り入れることが大切です。30分の中でも、あそびの種類を変える、静と動のあそびを組み合わせるなどメリハリをつけることで、子どもたちは楽しんで体を動かすようになります。

＼ 日頃の運動あそびを披露するチャンス！ ／
０・１・２歳児の運動会種目

運動会種目　立案のポイント

- 各年齢の子どもの成長を見てもらえるような内容のあそびを取り入れる。
- 家庭ではあまりしない動きを取り入れることで、親子が一緒に楽しめるような内容にする。
- 年齢ごとに月齢が高い子に合わせた内容ではなく、全員が参加できる内容にする。

0歳児
- 子どもの月齢や発達に合わせたあそびを取り入れる。
- 衣装など、参加する子どもも保護者も視覚で楽しめるアイテムを使う。

1歳児
- 競争ではなく、親子がふれあいを楽しめる内容にする。
- 親子で一緒に考えて、競技を進めるような内容を考える。

2歳児
- ストーリー性があるあそびを取り入れて、期待をもって楽しめるようにする。
- できることが増えるので、子どもの成長を見てもらう機会にする。

保育者の関わり

- 事前に、競争ではなく、どの子も最後までやりきることが目的であることを保護者に伝える。
- 保育者同士が各年齢の種目の内容を共有し、当日の援助や連絡など対策を考えておく。
- 運動会で行う内容を日常的にあそびの中に取り入れ、子どもたちに安心感を与える。

スタート

ゴール

子どもがすぐに取れるよう外れやすくしましょう。

あと少し！

注意 子どもがバランスを崩して後ろに倒れないよう、勢いよく引っ張らないようにしましょう。

作り方
スズランテープを大人の膝ぐらいの高さで吊るし、短く切ったスズランテープを垂れ下がるようにテープで貼ります。

作り方
子どもが入る大きさの段ボール箱にタイヤの絵を描きます。ひもをつけたら完成。

みつばちさんになれるかな　親子

あそび方

❶3チームに分かれて抱っこでスタート。スズランテープの草を親子でくぐり、草むらに置いてあるみつばちのベストを子どもに着せます。

❷段ボールの車に子どもが乗り込み、その中にあるみつばちの羽をつけたら、保護者が引っ張ります。

❸フープトンネルをくぐって、その先にある触角のお面をつけたらみつばちの完成！

❹最後は、はちみつに見立てた黄色い風船を保護者に抱っこしてもらった子どもがとったらゴールです。

用意するもの

- スズランテープ（緑色）
- 段ボールの車　3台
- フープ　3個
- ひも、洗濯バサミ、風船（人数分）
- 衣装（みつばちのベスト、みつばちの羽、触覚のお面）

カラーポリ袋（黄色）　　エアーパッキング　　画用紙　　輪ゴム

ビニールテープ（黒）

ゴム　　画用紙

みつばちのベスト　　みつばちの羽　　触覚のお面

親子ゆうえんち 親子

あそび方

❶3チームに分かれます。子どもは保護者が待つマットまでハイハイで進みます。

❷保護者は子どもを抱っこして、クルクルとコーヒーカップのように回ります。

❸2本のなわの間を、保護者は抱っこしたまま子どもを上下に上げ下げしながら、ジェットコースターのように進みます。

❹保護者は、子どもの正面から片腕を足の間に入れ、子どもは保護者の腕にしがみつきます。保護者はフープを渡りながら、空中ブランコのように子どもを持ち上げてゆらゆらさせて進みます。

❺保護者に肩車をしてもらってゴールします。

用意するもの
- マット
- なわ2本
- フープ5〜8本ぐらい

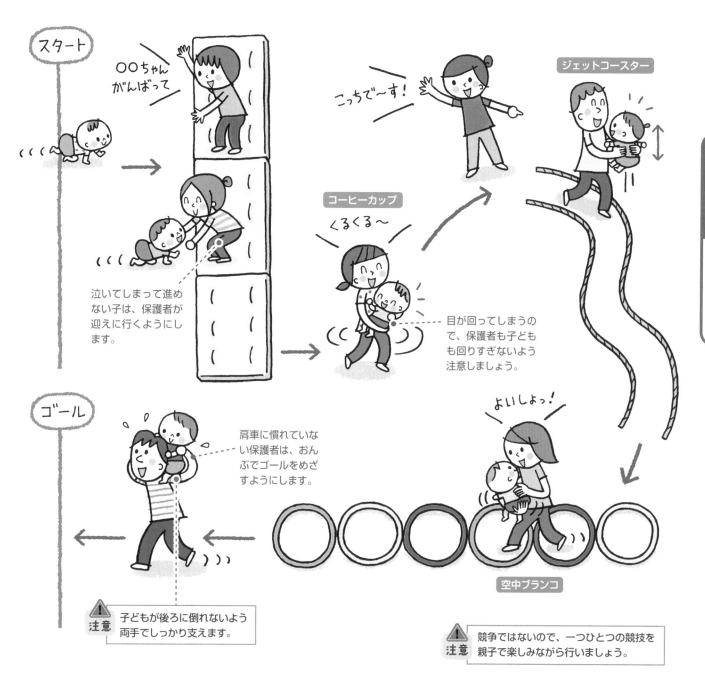

スタート

〇〇ちゃん
がんばって

泣いてしまって進めない子は、保護者が迎えに行くようにします。

こっちで〜す！

コーヒーカップ

くるくる〜

目が回ってしまうので、保護者も子どもも回りすぎないよう注意しましょう。

ジェットコースター

ゴール

肩車に慣れていない保護者は、おんぶでゴールをめざすようにします。

よいしょっ！

空中ブランコ

⚠注意 子どもが後ろに倒れないよう両手でしっかり支えます。

⚠注意 競争ではないので、一つひとつの競技を親子で楽しみながら行いましょう。

宝物探しの旅に出よう 親子

あそび方

❶2チームに分かれます。親子でスタートしたら、子どもはマットの山をハイハイで進みます。山を越えたら、保育者は宝の地図を描いた布ガムテープを、子どもの背中に貼ります。

❷子どもは両手でしっかり鉄棒を握ります。保護者は鉄棒をくぐり抜けます。できたら、保育者が鍵の絵を描いた布ガムテープを子どもの背中に貼ります。

❸マットの上に置いてあるペットボトルのふたのおもちゃを、親子でハイハイで倒しながら進みます。

❹布の下に隠してある宝箱を見つけたら、持ってゴールします。

用意するもの
（各組数分）
・マット
・座布団
・鉄棒
・ペットボトルのふたのおもちゃ
・地図と鍵の絵を描いた布ガムテープ（人数分）
・宝箱
・宝箱を隠す布

スタート

ゴール

おいで

よし！握れたね

鉄棒を1人で握るのが難しい場合は、保護者が支えましょう。

あった！

宝の地図だよ

下るときの坂で顔を打ちやすいため、進む方向のマットを長めにしましょう。

すすめ～！

絵の描かれた布ガムテープは、保育者が貼ります。

作り方 ひものついたペットボトルのさつまいもかイモムシかわからないよう、茶色の大きな布をかけます。布の上には画用紙でつくったさつまいもの葉を貼ります。

スタート

えいっ

がんばって〜

うわ〜
はずれ

ぴょん

やった〜！
とれた！

マットから落ちないように保護者がリードしながら転がります。

いそげ〜

ゴロゴロ〜

やったね！

作り方 かさ袋の中に丸めたお花紙を4個つめて色ごとに輪ゴムで留めます。触覚や顔を画用紙でつけたら完成。

ゴール

楽しいさつまいも掘り 親子

あそび方

❶2チームに分かれます。親子でスタートしたら、転がっているイモムシをジャンプで跳び越えます。
❷親子で両手をつないでマットに寝て、コロコロ転がります。
❸布に覆われたさつまいも畑で、親子一緒にひもをたぐり寄せます。ひもの先には当たりのさつまいもと、はずれのイモムシがあります。
❹さつまいもがとれたら、ペットボトルから絵をはがします。はずれの親子は、当たりが出るまでひもを引きます。さつまいもを持ったまま、保護者がおんぶしてゴールまで走ります。

用意するもの
・イモムシ10匹ぐらい
・マット（4枚）
・イモムシ、さつまいもの画用紙を貼った水入りペットボトル各数本
・大きな布
・画用紙で作ったさつまいもの葉

電車に乗ってピクニック 親子

あそび方

❶2チームに分かれます。親子でスタートしたら、大型段ボール電車に乗り、腕で押しながら前に進みます。

❷ペットボトルの橋の上を子どもだけ渡ります（保護者は子どもと手をつなぎ隣を歩く）。

❸じゃばらになった牛乳パックトンネルを親子でくぐります。

❹保護者は子どもを抱っこして、ぶら下がったおにぎりをとり、そのままゴールします。

用意するもの

- 段ボール電車
- ペットボトルの橋（500ml×10〜20本ぐらい）
- 牛乳パックトンネル
- 物干し竿と物干し台
- おにぎり　人数分
- 洗濯バサミ
- ひも

スタート

よいしょ よいしょ

倒れることがあるため、保育者は抑えながら近くで見守ります。

作り方
白い紙を三角形に形づくり、黒い画用紙を貼ります。

ゴール

作り方
500mlのペットボトルを20本ぐらい用意し、上下が交互になるよう並べて、テープでしっかりくっつけます。

ゆっくりでいいよ〜

おにぎりとれたかな〜

作り方
段ボールに新聞紙を詰めて、テープで4つつなげます。画用紙で窓をつくって貼ります。

保護者は子どもと手をつなぎ、落ちないように補助します。

作り方
新聞紙を丸めて重しに入れた牛乳パックを、四角い枠になるようテープでつなげます。強度を増すために布または布ガムテープを全体に貼ります。

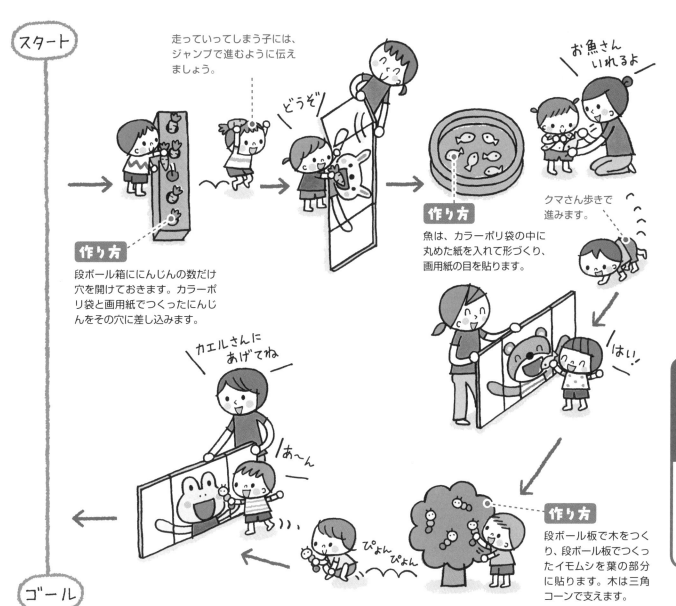

スタート

走っていってしまう子には、ジャンプで進むように伝えましょう。

どうぞ

お魚さんいれるよ

作り方
段ボール箱ににんじんの数だけ穴を開けておきます。カラーポリ袋と画用紙でつくったにんじんをその穴に差し込みます。

作り方
魚は、カラーポリ袋の中に丸めた紙を入れて形づくり、画用紙の目を貼ります。

クマさん歩きで進みます。

はい!

カエルさんにあげてね

あ〜ん

ぴょんぴょん

作り方
段ボール板で木をつくり、段ボール板でつくったイモムシを葉の部分に貼ります。木は三角コーンで支えます。

ゴール

ごはんをどうぞ 　子どものみ

あそび方

❶スタートしたら、にんじん畑でにんじんを1本抜きます。ウサギに変身して、ぴょんぴょんジャンプでウサギのパネルまで行き、持っていたにんじんを食べさせます。

❷ビニールプールの中の魚を1匹つかまえたら、クマに変身します。魚をズボンとおなかの間にはさみ、クマさん歩きでパネルまで行って魚を食べさせます。

❸木にくっついているイモムシをとり、ぴょんぴょんカエルに変身したら、パネルまで行ってイモムシを食べさせ、ゴールします。

用意するもの
- にんじん畑（段ボール箱）
- にんじん　人数分
- ウサギ、クマ、カエルのパネル（開閉式）
- ビニールプール
- 魚　人数分
- 木
- イモムシ（画用紙でつくる）　人数分
- 三角コーン

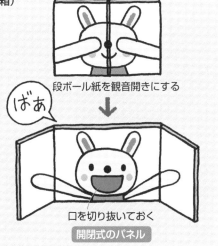

段ボール紙を観音開きにする

ばあ

口を切り抜いておく

開閉式のパネル

135

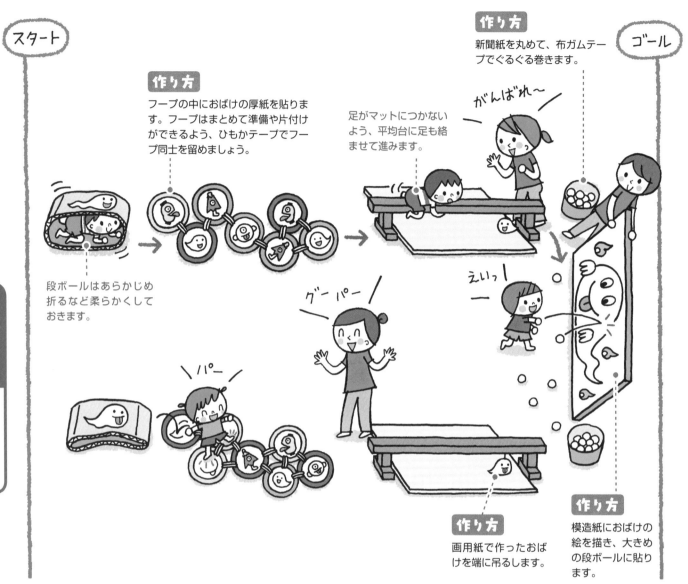

スタート

作り方
フープの中におばけの厚紙を貼ります。フープはまとめて準備や片付けができるよう、ひもかテープでフープ同士を留めましょう。

段ボールはあらかじめ折るなど柔らかくしておきます。

グー パー

パー

作り方
新聞紙を丸めて、布ガムテープでぐるぐる巻きます。

ゴール

足がマットにつかないよう、平均台に足も絡ませて進みます。

がんばれ〜

えいっ

作り方
画用紙で作ったおばけを端に吊るします。

作り方
模造紙におばけの絵を描き、大きめの段ボールに貼ります。

おばけに見つからないように!!

あそび方
❶2チームに分かれます。スタートしたら、おばけに見つからないようにキャタピラーで移動します。
❷フープの中にいるおばけを踏みながら、グーパージャンプで進みます。
❸おばけを吊るした平均台にしがみつきながら、腕の力で進みます。
❹段ボールでつくったおばけのパネルに新聞紙ボールを投げたら、走ってゴールします。

用意するもの
• おばけの絵を貼ったキャタピラー
• フープ（中におばけの厚紙を貼ったもの）
• 平均台
• マット
• 新聞紙ボール　人数分より多め
• 新聞紙ボールを入れる箱
• おばけのパネル
• 平均台の上から吊るすおばけ

親子で大冒険！

あそび方

❶2チームに分かれます。親子でスタートしたら、平均台の上を子どもが歩き、保護者は手をつないで補助しながら歩きます。

❷保育者がなわを左右に動かします。親子はにょろにょろヘビにつかまらないように、ジャンプしてなわを越えます。

❸子どもだけ鉄棒のクモの巣をくぐります。

❹床に置かれたカードから1枚引きます。絵に描いてある動物（コアラ、カンガルー、サルのいずれか）のお面を子どもがかぶり、親子でその動物に変身してゴールします。

※コアラ…おんぶ、カンガルー…抱っこ、サル…ロボット歩き（P116）で移動します。

用意するもの

- 平均台
- なわ　2本
- 鉄棒に長いゴムひもを巻きつけたもの
- 動物カード　人数分
- 動物のお面　人数分

輪ゴム

画用紙

2歳児 運動会種目

作り方
子ども用の鉄棒に長いゴムひもを絡ませてクモの巣に見立てます。

作り方
動物カードにはコアラ、カンガルー、サルのいずれかの絵を描いておき、絵柄が見えないよう裏返しに並べます。

スタート

ゴール

ニョロニョロ〜

おんぶね！

あ！

コアラだね〜

カンガルーだよ

イチ、ニ イチ、ニ

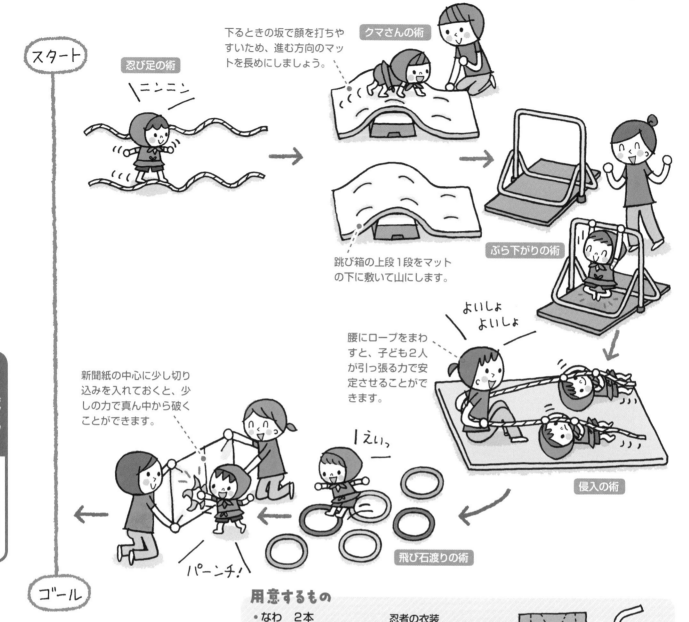

スタート

忍び足の術

ニンニン

下るときの坂で顔を打ちやすいため、進む方向のマットを長めにしましょう。

クマさんの術

跳び箱の上段1段をマットの下に敷いて山にします。

ぶら下がりの術

よいしょ
よいしょ

腰にロープをまわすと、子ども2人が引っ張る力で安定させることができます。

侵入の術

新聞紙の中心に少し切り込みを入れておくと、少しの力で真ん中から破ることができます。

えいっ

飛び石渡りの術

ゴール

パーンチ！

忍者の修行 子どものみ

用意するもの

- なわ　2本
- マット
- 跳び箱1段
- 鉄棒
- ロープ
- フープ
- 新聞紙　人数分
- 忍者の衣装　人数分

忍者の衣装

1 三角形に切ったカラーポリ袋をほっかむりにしてあごで結ぶ

2 カラーポリ袋の首と袖の部分を切る

3 腰の部分をひもで結ぶ

あそび方

❶2チームに分かれます。忍者の衣装を着た子どもたちがスタートします。にょろにょろへびのなわの上を歩きます（忍び足の術）。

❷マットの山をクマさん歩きします（クマさんの術）。

❸鉄棒にぶら下がり、3回足打ちをします（ぶら下がりの術）。

❹あお向けになり、ロープをつかんで腕の力でつたっていきます。保育者にタッチしたら次へ（侵入の術）。

❺フープをジャンプで進みます（飛び石渡りの術）。

❻保育者が持つ新聞紙をパンチして破り、ゴールします。

運動会種目 Q&A

あと少し！

Q 運動会種目に何を選んでいいか迷ってしまいます。

子どもたちが運動する姿や成長した姿を、保護者にたくさん見せてあげたい！という思いから、つい盛り込み過ぎてしまいます。何を基準に種目を選ぶのがよいでしょうか？

A 日頃のあそびをベースに、「5つの力」を組み合わせます。

日頃の園での取り組みを知ってもらうことが大切なので、見栄えを意識したり、難易度を無理に上げたりはしないようにします。子どもの月齢や運動の得意、不得意に関わらず、全員が参加できる内容であること、「支える力」といった「5つの力」がバランスよく組み合わさった内容にするとよいでしょう。時間配分に注意することも重要なポイントです。

Q 運動会で大切にするべきことは何でしょうか？

当日の出し物やビデオ撮影の場所についてなど、事前に保護者から質問を受けることが多く、盛り上がりを感じますが、園として運動会前に伝えたほうがよいことは何でしょうか？

A 子どもの成長を実感する機会です。

運動会を楽しみにしていてくれることはとても嬉しいですね。体を動かしたり、声を出したり、友達と一緒に何かをしたりする子どもの成長を一緒に喜べる大切な場です。ただし、決して競争ではなく、子ども自身が最後までやりきることが目的であることを、事前に配布するおたよりなどに一言添えておくとよいでしょう。

Q 大勢の人前や慣れない場所が苦手な子への対応は？

はじめての運動会を迎える0歳児クラスはもちろん、普段と違う雰囲気に不安になったり、泣いてしまったりする子どもがいた場合、どのように対応すればよいでしょうか？

A あらかじめ対応する保育者を決めておきましょう。

当日緊張してしまいそうな子がいる場合は、事前に他の保育者と連携をとって担当を決めておくとよいでしょう。また、当日は泣き出してしまった子の姿を見て、別の子に連鎖する可能性も。なるべく運動会の流れを止めないように、少し離れたところへ子どもを連れ出す、保護者と過ごせるようにするなど、保育者は一致団結して臨機応変に対応しましょう。

運動あそび 早見表

運動あそびによって身につく力と、運動会で役立つプランをまとめました。子どもの年齢を目安にしながら、子どもに身につけさせたい力や、子どもにあったプランを探して挑戦してみましょう！

身につく力の種類
内容は6ページを
参照してください。

◆ 動き始めの力 ❀ 柔軟性 ⬢ バランス力
◆ 支える力 ★ 跳ねる力 ⬢ 引きつける力 運動会種目

◆ 動き始めの力

年齢の目安	あそび名	ページ数
1〜3か月	のびのびマッサージ	28
1〜3か月	バンザイあそび	28
1〜3か月	おもちゃどこどこ？	29
1〜3か月	鳴らして上手！	29
1〜3か月	足の裏もみもみ	29
1〜3か月	お膝曲げ伸ばし	30
1〜3か月	お手てをギュッ	30
1〜3か月	うつぶせあそび	30
1〜3か月	プカプカおもちゃは楽しいな	31
1〜3か月	足を左右にゆーらゆら	31
1〜3か月	いないいな〜いばぁ	31
4〜7か月	お背中 グッ	32
4〜7か月	寝返りレッスン	32
4〜7か月	お膝でおすわり	33
4〜7か月	金魚ゆらゆら	33
4〜7か月	だるまさんコロン	33
4〜7か月	おなかガタンゴトン	34
4〜7か月	ボールくるくる	34
4〜7か月	ツンツンこちょこちょ	34
4〜7か月	お膝で立っち	35
4〜7か月	なみなみ、ザップン	35
4〜7か月	ゆらりん毛布	35

❀ 柔軟性

年齢の目安	あそび名	ページ数
8〜11か月	引っ張りっこ、よいしょ	36
8〜11か月	電話もしもし	36
8〜11か月	足の指ポンッ	37
8〜11か月	ぎったんばっこん	37
8〜11か月	ボートこぎ	37
10か月〜	キックキックできるかな？	48
10か月〜	足でいないいないばぁ〜	48
10か月〜	足を閉じてこんにちは	48
10か月〜	足を開いてこんにちは	48
12か月〜	コロコロキャッチボール	42
12か月〜	逆さま抱っこ	42
1歳児前半	ビューンと飛ぼう	62
1歳児前半	肩からゴロン	62
1歳児前半	ブラブラ〜タッチ	63
1歳児前半	まねっこ閉じ開き	63
1歳児前半	シーソーごっこ	63
1歳児前半	ゆらゆらどんぶらこ	71
1歳児前半	どんぶらこざっぷん	71
1歳児後半	アザラシ	74
1歳児後半	足の指まで届くかな？	74
1歳児後半	飛行機に変身	75
1歳児後半	カメに変身	75
1歳児後半	いろいろなあいさつ	75
1歳児後半	手足ブラブラ	82
1歳児後半	グーパー、グーパー	82
2歳児	足の指をグーパー	94
2歳児	背中をぐいーん	94
2歳児	エビに変身！	94

🌸 引きつける力

運動会種目

◆著者

柳澤友希
（やなぎさわ　ゆき）

1985年長野県生まれ。松本短期大学幼児教育学科卒業。塩尻市保育士、松本短期大学研究生を経て現在に至る。
2008年より運動保育士として長野県下の幼児教育機関（町村保育園）における運動支援を0～5歳児に行う。父である柳澤秋孝氏が考案した「柳沢運動プログラム®」をもとに、主に0～2歳児に運動あそびや親子あそびを通した乳児期の支援方法を調査・研究中。
2011年より長野県福祉大学校、非常勤講師として勤務。2016年に総合療育センターまつもと株式会社の取締役として、障害のある学齢期児童が通う療育機能・居場所機能を備えた福祉サービスを提供。2018年に息子を出産。生後1か月から乳児期の運動プログラムを取り入れ育児中。
著書・監修書は、『0～5歳児の発達に合った　楽しい！　運動あそび』（ナツメ社）、『Baby-mo 2015年夏秋号』（主婦の友社）、『月刊ポット／2017年度連載0・1・2才児の運動あそび』、『月刊ポット／2018年度運動会種目』（共にチャイルド本社）など。

◆指導監修

柳澤秋孝（やなぎさわ　あきたか）

松本短期大学 監事、名誉教授
1953年新潟県生まれ。1975年日本体育大学体育学部卒業。同年、松本短期大学助手。1998年より現職、現在に至る。「柳沢運動プログラム®」創始者。長野県上田市在住。専門は幼児運動学。
45年間継続研究を行い、20,000名以上の子ども達（幼児期）に運動あそびを直接指導する。1996年から大脳活動、特に前頭葉の研究に着手し、「運動が子どもの精神的発育に大きな影響を及ぼす」との仮説から保育現場における運動保育補助の効果を調査・研究中。
また、長野県教育委員会子どもの体育向上支援委員長（2009～現在）を務め、県下全小学校の体育授業で使用する、長野県版小学生用運動プログラムを提供している。

◆年間指導計画　執筆・撮影協力

社会福祉法人　松本福祉会
よこうち認定こども園　園長　原田みえ子

◆協力

茅野市保育協会

ナツメ社Webサイト
https://www.natsume.co.jp
書籍の最新情報（正誤情報を含む）はナツメ社Webサイトをご覧ください。

staff

カバーデザイン／コダイラタカコ
カバーイラスト／とみたみはる
本文デザイン・DTP／谷 由紀恵
本文イラスト（五十音順）／有栖サチコ、坂本直子、とみたみはる、中小路ムツヨ、にしだちあき、町塚かおり、みさきゆい、ヤマハチ
撮影／花岡恵梨子（P4～5、P12～16）、矢部ひとみ（P4～5、P6～11）
モデル／柳澤はるちゃん、赤井奏哉くん
編集協力／株式会社スリーシーズン
編集担当／遠藤やよい（ナツメ出版企画株式会社）

0・1・2歳児の発達に合った
楽しい！　運動あそび

2020年4月2日　初版発行
2024年7月10日　第6刷発行

著　者　柳澤友希

© Yanagisawa Yuki,2020

発行者　田村正隆
発行所　株式会社ナツメ社
東京都千代田区神田神保町1-52　ナツメ社ビル1F（〒101-0051）
電話　03-3291-1257（代表）　FAX　03-3291-5761
振替　00130-1-58661
制　作　ナツメ出版企画株式会社
東京都千代田区神田神保町1-52　ナツメ社ビル3F（〒101-0051）
電話　03-3295-3921（代表）
印刷所　図書印刷株式会社

ISBN978-4-8163-6805-9　　Printed in Japan

本書に関するお問い合わせは、書名・発行日・該当ページを明記の上、下記のいずれかの方法にてお送りください。電話でのお問い合わせはお受けしておりません。
・ナツメ社 web サイトの問い合わせフォーム
https://www.natsume.co.jp/contact
・FAX（03-3291-1305）
・郵送（左記、ナツメ出版企画株式会社宛て）
なお、回答までに日にちをいただく場合があります。正誤のお問い合わせ以外の書籍内容に関する解説・個別の相談は行っておりません。あらかじめご了承ください。

<定価はカバーに表示してあります><落丁・乱丁本はお取り替えいたします>
本書の一部または全部を著作権法で定められている範囲を超え、ナツメ出版企画株式会社に無断で複写、複製、転載、データファイル化することを禁じます。